애덤 그랜트의 생각 수업

SOMETHING TO THINK ABOUT 2025 Calendar

Copyright © 2024 by Adam Grant
All rights reserved.

Korean translation copyright © 2024 by Influential, Inc.
Korean edition is published by arrangement with InkWell Management, LLC
through EYA Co.,Ltd.

이 책의 한국어판 저작권은 EYA Co.,Ltd.를 통해
저작권자와 독점 계약한 ㈜인플루엔셜에 있습니다.
저작권법에 의해 국내에서 보호를 받는 저작물이므로 무단 전재와 복제를 금합니다.

애덤 그랜트의
생각 수업

하루 한 장, 당신의 일상에 영감을 불어넣는 문장

애덤 그랜트 지음 | 정지현 옮김

이 책의 활용법

◎ **매일 아침, 한 장씩 읽으며 마음과 생각을 정돈하세요.**
사고의 방향을 바꾸고 하루를 새롭게 시작할 수 있습니다.

◎ **일주일에 한 번, 일요일마다 한 주의 영감을 정리해보세요.**
매주 일요일마다 마음에 남는 문장과 생각을 기록해 내 것으로 만들어보세요(2026년 기준).

◎ **중요한 문장은 노트에 옮기며 되새기세요.**
일과 중에 만나는 문제나 대화 속에서 오늘의 인사이트로 활용할 수 있습니다.

◎ **읽으면서 떠오른 질문이나 아이디어를 메모로 기록하세요.**
스스로에게 질문을 던지고 정리하는 습관은 성장의 속도를 높여줍니다.

차례

1 JANUARY **성장 | 어제보다 더 나은 내일을 만드는 힘** 7
"지나온 시간은 되돌릴 수 없지만
다가올 시간은 더 나아질 수 있다."

2 FEBRUARY **관점 | 다른 시각을 받아들일 용기** 41
"가장 큰 적수는 과거의 '나'이고,
가장 훌륭한 롤모델은 미래의 '나'이다."

3 MARCH **주도성 | 감정과 행동을 스스로 이끄는 법** 71
"창의성은 세상에 넘친다.
부족한 것은 실행력이다."

4 APRIL **태도 | 꾸준히 쌓아가는 작은 실천** 105
"미덕은 말이 아니라
행동으로 얻는 것이다."

5 MAY **관계 | 더 깊고 건강하게 만들어내는 연결** 137
"확실하지 않을 때는
무조건 친절을 선택하라."

6 JUNE **휴식 | 멈춤으로 창조되는 새로운 가능성** 171
"휴식은 낭비가 아니라
행복에 투자하는 시간이다."

7 JULY　　**회복탄력성** | **흔들려도 다시 일어나는 힘** 203

"오늘의 무거운 짐은
내일이 되면 좀 더 가볍게 느껴질 것이다."

8 AUGUST　　**자기 돌봄** | **감정을 돌보고 회복시키는 시간** 237

"나를 지키는 것은
온전히 나의 책임이다."

9 SEPTEMBER　　**통찰** | **상황 속에서 발견하는 의미와 핵심** 271

"멀리 있는 사람은 문제를 발견하고,
가까이 있는 사람은 해결책을 찾는다."

10 OCTOBER　　**지성** | **깊이 있게 사고하며 본질을 꿰뚫는 능력** 303

"지적인 충돌은
갈등이 아니라 배움이다."

11 NOVEMBER　　**변화** | **두려움을 넘어 찾아낸 새로운 길** 337

"실패했다는 사실은
제대로 된 도전을 의미한다."

12 DECEMBER　　**의미** | **삶의 방향과 이유를 발견하는 여정** 369

"있는 그대로를 받아들인다고 해서
성장이 멈추는 것은 아니다."

성장

어제보다 더 나은 내일을 만드는 힘

"지나온 시간은 되돌릴 수 없지만
다가올 시간은 더 나아질 수 있다."

| JAN 1 | **작년은 되돌릴 수 없지만
올해는 더 나아질 수 있다.** |

실수를 되돌아봐야 하는 이유는 과거의 나를 부끄러워하기 위해서가 아니다. 미래의 나에게 가르침을 주기 위함이다. '반추'는 과거의 잘못을 계속 곱씹는 것이지만, '성찰'은 앞으로 더 잘하기 위해 새로운 통찰을 찾는 것이다. 작년은 되돌릴 수 없지만 올해는 더 낫게 만들 수 있다.

JAN 2

**내향인은 사회성 부족이 아니라
고요함을 즐기는 사람일 뿐이다.**

내향인을 판단하는 기준은 에너지를 어디에서 얻느냐가 아니다. 자극을 다루는 방법에 있다. 내향인도 사람들과의 관계에서 에너지를 얻는다. 시끄러운 모임, 너무 친한 척하는 사람들, 끊임없이 밀려드는 손님을 맞이하는 일에 쉽게 지칠 뿐이다. 내향인은 사회성이 부족한 사람이 아니다. 그저 고요함을 즐기는 사람이다.

JAN 3

**위대한 사람은 다르게 생각하고
다른 생각은 새로운 답을 찾는다.**

위대한 사람은 남들과 똑같이 생각하지 않는다. 그들은 다른 생각을 장려한다. 우리는 같은 원칙 안에서도 다르게 생각하는 사람들에게 가장 많이 배운다. 가치관이 비슷하면 비슷한 질문만이 이어지지만, 관점이 다르면 새로운 답으로 이어진다.

JAN 4

**START SMARTER,
THINK DEEPER, LEAD BETTER**

———————————————————

이번 주, 무엇이 당신을 움직이게 했나요?

....

....

....

....

....

....

....

JAN 5

**생각과 감정은 가능성일 뿐,
절대적인 것은 아니다.**

지혜를 원한다면 머릿속에 떠오르는 생각을 전부 믿어서는 안 된다. 감성지능을 기르고 싶다면 감정을 내면화하지 마라. 생각과 감정은 하나의 가능성일 뿐 절대적인 것은 아니다.

| JAN 6 | **당신에게 중요한 가치는 무엇인가.
자신의 이상이 담긴 생각을 공유하라.** |

  진정성이란 자신의 의견을 전부 표현하는 것이 아닌, 자신이 소중히 여기는 가치가 반영된 목소리를 내는 것이다. 존중과 친절이 당신에게 중요한 가치라면 솔직함을 무기로 경멸과 비난을 담아 말해선 안 된다. 생각은 자신의 이상을 담고 있을 때 공유할 가치가 있다.

JAN 7

**우리가 가장 두려워해야 하는 것은
자신과의 약속을 어기는 일이다.**

우리는 타인에게 실망을 주면 큰 죄책감을 느끼지만, 자신을 실망시키는 것은 두려워하지 않는다. 다른 사람의 기대에 부응하는 것은 우리 통제 밖의 일이다. 하지만 나의 기대치는 스스로 정할 수 있다. 우리가 지켜야 할 가장 중요한 약속은 자신과의 약속이다.

JAN 8

**더 높이 올라가고 싶다면
목표도 더 높게 잡아야 한다.**

완벽함을 추구하면 앞으로 나아갈 수 없다. 처음에는 기준을 낮춰야만 가속도가 붙는다. 생산성을 높이려면 품질을 타협해야 하지만, 탁월함을 원한다면 결과물의 기준을 높여야 한다. 높이 올라갈수록 목표를 높게 잡아야 모든 것을 균형 있게 조절할 수 있다.

JAN 9

인생에 후회를 남기지 않으려면 적당한 위험은 감수해야 한다.

커리어를 쌓고 싶다면 위험을 피하는 대신 관리해야 한다. 커리어를 주식 포트폴리오라고 생각하자. 수익률이 높을수록 위험도 커진다. 너무 안전한 베팅만 하고 있다면 균형을 맞출 필요가 있다. 나중에 뒤돌아보았을 때 위험을 감수하지 않은 것이 인생의 가장 큰 후회로 남을 수 있다.

JAN 10 — 사람을 판단할 때는 선택적인 예의를 주시하라.

　상대가 당신을 대하는 태도만으로는 어떤 사람인지 판단하기 어렵다. 진짜 인성을 판단하려면 그 사람이 싫어하는 사람을 어떻게 대하는지를 보라. 아무리 나에게 친절한 사람이라도 다른 사람에게 불친절한 모습을 보인다면 조심해야 한다. 선택적인 예의는 마음속에 적대감이 있다는 뜻이다.

JAN 12

**번아웃에 빠지지 않으려면
불필요한 일을 걸러내야 한다.**

효율성을 높인다고 일상이 바로 서지는 않는다. 책임을 줄여야 균형이 생긴다. 우선순위가 많을수록 밀려드는 일을 감당하기 어려워진다. 책임감에 짓눌려 당황하고 어쩔 줄 모르게 되는 것보다 적은 일을 잘 해내는 편이 좋다. 번아웃을 피하기 위해서는 불필요한 일을 걸러내야 한다.

JAN 13

**현명한 판단을 내리려면
무엇을 모르는지 알아야 한다.**

지능은 지식을 대체할 수 없다. 시간을 들여 많은 정보를 얻는 것이 똑똑해진다는 의미는 아니다. 지식은 지혜를 대신할 수 없다. 많은 정보를 가졌다고 해서 현명한 판단력을 지니게 되는 것은 아니다. 현명한 판단을 내리려면 무엇을 모르는지 스스로 아는 겸손함이 필요하다.

> **JAN 14**
>
> **토론의 궁극적인 목적은
> 비판적 사고를 자극하는 것이다.**

다른 의견을 가진 사람과의 대화에서 "네가 옳아."라는 말을 듣는 것이 최고의 칭찬일까? 아니다. "네 덕분에 다시 생각해볼 수 있었어."라는 말이 최고의 칭찬이다. 좋은 토론은 단순했던 것의 복잡한 측면을 보게 해준다. 토론의 궁극적인 목적은 합의가 아니라 비판적 사고를 자극하는 것이다.

| JAN 15 | **타인의 기대가 아닌
자신의 이상을 따라야 한다.** |

정체성에 관한 가장 중요한 질문은 "남들이 나를 어떻게 생각하는가?"가 아니라 "내가 어떤 사람이 되고 싶은가?"다. 70개의 연구 결과, 정신 건강은 타인의 기대가 아니라 삶에서 자신의 이상을 얼마나 따르느냐에 달려 있었다. 행복은 태도와 가치관의 간극이 좁혀질 때 찾아온다.

JAN 16	**첫 만남에서 성공적인 대화를 나누려면 "뭘 좋아하세요?"라고 물어보라.**

처음 만난 사람에게 "무슨 일 하세요?"라고 묻지 마라. 이 질문을 받은 상대방은 일과 회사에 관한 이야기 이외에 다른 이야기를 할 의지가 꺾인다. 대신 이렇게 물어보자. "뭘 좋아하세요?" 상대방의 호기심을 자극하고 관심사를 표현할 수 있는 질문을 던져야 한다.

JAN 17

**지식을 가장한 신념을 조심하라.
확신은 우리를 착각에 빠뜨린다.**

내 생각을 남에게 강요한다고 사실이 되지는 않는다. 설득당하는 사람은 자기 자신뿐이다. 지식을 가장한 신념을 조심하라. 세상에 확실한 것은 없으며 확신은 우리를 쉽게 착각에 빠뜨린다. 죽을힘을 다해 올라간 언덕이 처음부터 올라가지 말았어야 할 언덕일 수도 있다.

JAN 18

**START SMARTER,
THINK DEEPER, LEAD BETTER**

―――――――――――――――――――

이번 주, 무엇이 당신을 움직이게 했나요?

....

....

....

....

....

....

....

JAN 19

**자녀의 올바른 인성은
부모의 가장 중요한 책임이다.**

　자녀의 행복이나 성공은 부모의 의무가 아니다. 부모는 자녀를 올바르게 키울 책임이 있다. 아이는 부모가 자신의 가치관을 주입시키는 것이 아닌, 스스로 중요한 가치를 찾을 수 있도록 도울 때 올바르게 자란다. 아이가 어떤 사람이 되고 싶은지 결정할 수 있도록 준비시켜주는 것이야말로 진정으로 아이를 위한 교육이다.

JAN 20

**기억은 나이가 들어도 사라지지 않는다.
새로운 도전을 멈추지 마라.**

기억은 나이가 들어도 사라지지 않는다. 속도가 느려질 뿐 저장된 정보는 많아지고, 패턴을 인식하는 능력은 오히려 좋아진다. 적극적으로 활동하고 새로운 도전을 멈추지 않으면 기억하는 속도도 빨라진다.

JAN 21

**올바른 사과란 변명이 아니라
달라지는 행동을 보여주는 것이다.**

올바른 사과란 변명이 아니라 달라지는 행동을 보여주는 것이다.

"상처를 줄 생각은 없었는데 상처 줘서 미안해. 다시는 이런 일이 없을 거라고 약속할게."

때로 우리는 자신의 의도를 합리화하는 데 집중하는 나머지 자신의 행동이 가져온 결과를 인정하려 들지 않는다.

JAN 22

**인생의 롤모델을 정할 때는
구체적인 강점을 찾아야 한다.**

누군가를 인생의 롤모델로 정하면 비현실적인 기대를 품었다가 결국 그렇게까지 동경할 이유가 없다는 것을 깨닫고 실망하게 된다. 그 사람의 모든 것이 아니라 구체적인 강점을 존경해야 한다. 모든 사람은 약점을 가지고 있다는 사실을 기억하라. 그래야 나도 롤모델이 가진 강점에 이를 수 있다는 자신감이 생긴다.

JAN 23 — **더 강한 사람이 되려면 먼저 손 내밀 수 있어야 한다.**

조언을 구하는 것이 무능을 뜻하지는 않는다. 타인의 통찰을 존중하는 것뿐이다. 피드백을 부탁한다고 해서 자존심이 없는 사람이 되는 것은 아니다. 배움이 자존심보다 중요할 뿐이다. 도움을 구한다고 약한 것은 아니다. 결국 더 강한 사람이 될 수 있다.

JAN 24

**나에게 기대는 사람이 있을 때
의지는 강해진다.**

나를 믿고 기대는 사람들이 있을 때 의지는 강해진다. 아이들도 자신에게 기대는 누군가가 있다면 나중의 이익을 위해 당장의 손해를 기꺼이 포기한다. 자신만을 위한 일이 아니라면 자제력은 더 강해진다.

JAN 25

**START SMARTER,
THINK DEEPER, LEAD BETTER**

이번 주, 무엇이 당신을 움직이게 했나요?

....

....

....

....

....

....

....

JAN 26

**지식을 탐구하는 것이야말로
진정한 호기심의 발현이다.**

호기심의 특징은 뚜렷한 쓸모가 없는 지식에 대한 갈증이다. 당장 나와 상관없는 무언가를 탐구하고 발견하는 데서 기쁨을 얻는다면 평생 배우는 자세로 살아갈 수 있다. 이런 배움은 이해를 위한 이해가 목적이다.

JAN 27

의미 있는 일과 처리할 수 있는 일은 균형을 이루어야 한다.

감당할 수 없을 정도로 일이 많으면 번아웃이 찾아온다. 일이 너무 지루하고 따분하면 보어아웃boreout에 빠진다. 할 일이 너무 많으면 지치고, 할 일이 너무 없으면 무기력에 빠진다. 단조롭고 의미 없는 시간은 활력을 떨어뜨린다. 동기부여를 위해서는 의미 있는 일과 처리할 수 있는 일이 균형을 이루어야 한다.

JAN 28
**똑똑하다는 말보다
사려 깊다는 말이 더 큰 칭찬이다.**

똑똑하다는 말보다 사려 깊다는 말이 더 큰 칭찬이다. 지성에 대한 칭찬은 단순히 논리력에 대한 칭찬이지만, 사려 깊다는 것은 그 능력을 이용해 다른 사람에게 관심을 기울이고 그에게서 배울 수 있다는 것에 대한 칭찬이다. 깊은 성찰과 타인에 대한 폭넓은 관심이 만날 때 사려 깊은 사람이 될 수 있다.

JAN 29

**과거의 부끄러운 시간 없이는
좋은 작품을 만들 수 없다.**

예전의 작품을 다시 꺼내 볼 때 부끄럽더라도 형편없다고 생각해선 안 된다. 그만큼 성장했다는 뜻이니까. 우리가 과거의 결과물을 비판적으로 바라보는 이유는 그동안 기준이 생기고 취향이 확고해지며 판단력이 높아졌기 때문이다. 과거의 부끄러운 시간 없이는 좋은 작품을 만들 수 없다.

JAN 30

**최고의 상사는
적극적으로 휴식을 장려한다.**

나쁜 상사는 휴식을 나쁘게 생각한다. 쉬고 싶은 이유를 일하기 싫어서라고 여기기 때문이다. 좋은 상사는 휴식을 긍정적으로 생각한다. 재충전을 해야만 일할 에너지가 생긴다고 여기기 때문이다. 최고의 상사는 휴식을 보상이 아닌 권리라고 생각한다. 나아가 팀원들의 일과 삶의 균형까지 신경 써준다.

JAN 31

**자존감이 높고 삶이 안정적인 사람은
타인의 잣대에 스스로를 가두지 않는다.**

자신감을 키우려면 자존감을 먼저 키워야 한다. 불안감을 줄이려면 흔들리지 않는 자존감이 필요하다. 타인이 자신을 어떻게 판단하는지에 따라 자존감이 달라지면 항상 불안정할 수밖에 없다. 자신의 능력과 가치에 대한 기준을 스스로 갖춰야만 안정감을 느낄 수 있다.

관점
다른 시각을 받아들일 용기

"가장 큰 적수는 과거의 '나'이고,
가장 훌륭한 롤모델은 미래의 '나'이다."

FEB 1

**START SMARTER,
THINK DEEPER, LEAD BETTER**

_____

이번 주, 무엇이 당신을 움직이게 했나요?

....

....

....

....

....

....

....

....

> **FEB 2**
>
> **창의성을 발휘하려면
> 칭찬과 비판 모두 필요하다.**

창의성을 발휘하고 싶은가. 아이디어를 떠올릴 때는 자신에게 친절하고, 아이디어를 평가할 때는 자신에게 엄격하라. 브레인스토밍을 할 때는 내면의 치어리더를 초대해 응원하고, 끝나면 내면의 평론가를 불러 난장판을 정리하라.

FEB 3

**사람들이 나에게 실망하더라도
함부로 선을 넘지 못하게 하라.**

나에게 죄책감을 심어주는 사람의 행동을 내버려둔다면 내 감정이 그 사람의 기대에 좌우되도록 방치하는 것이다. 사람들이 나에게 실망했다고 말하는 것이 내가 실패했다는 증거는 아니다. 그 누구도 나에게 책임을 강요할 권리는 없다. 때로는 선을 지키기 위해 사람들을 실망시켜야 한다.

FEB 4

**시간이 흘러도 변하지 않으면
평범해지거나 쓸모없어진다.**

 단기적으로 보면 변화에는 위험이 따른다. 그러나 장기적으로는 변하지 않는 것이 더 큰 위험을 부른다. 시간이 흘러도 변하지 않으면 평범해지거나 쓸모없어진다. 변화의 비용을 따지려면 현재 상태를 계속 이어나갈 때 발생하는 기회비용도 고려해야 한다.

FEB 5

**진정한 위로란
감정을 그대로 인정해주는 것이다.**

우리는 상처받은 사람을 위로할 때 그 사람이 지금 어떤 감정을 느껴야 하는지 조언해주곤 한다. 하지만 진정한 위로는 그들이 느끼는 감정을 그대로 받아주는 데서 비롯된다. 위로할 때는 자신의 관점을 드러내는 것보다 상대의 관점을 이해하는 모습을 보여주는 게 좋다. 감정을 조절해주는 것보다 인정해주는 것이 먼저다.

FEB 6

**삶에서 가장 필요한 자원은
주의력이다.**

삶에서 가장 부족한 자원은 시간, 에너지, 사랑이 아니다. 바로 주의력이다. 산만함에 굴복한다면 인지, 감성, 사회지능을 스스로 낮추게 된다. 집중력은 소중한 자산이다. 가장 중요한 우선순위가 흐트러지지 않도록 온전히 집중해야 한다.

| FEB 7 | **내 일에 의미를 갖기 위해서는
세상을 변화시킨다는 믿음이 필요하다.**

　일이 의미를 가지려면 내 일이 다른 사람들의 삶을 더 좋게 만들어줄 것이라는 믿음이 필요하다. 그 믿음이 흔들릴 때 스스로에게 물어보자. "만약 내 직업이 사라지면 누구의 삶이 고통스러워질까?" 당신의 일이 중요한 이유는 다른 사람들 때문이다.

FEB 8

**START SMARTER,
THINK DEEPER, LEAD BETTER**

이번 주, 무엇이 당신을 움직이게 했나요?

....

....

....

....

....

....

....

FEB 9	**왕이 되려는 자는 왕관의 무게를 견뎌야 한다.**

권위를 갈망하거나 관심을 원하는 사람에게 리더의 명예가 주어져서는 안 된다. 리더의 역할에 따르는 무게를 힘겨워하면서도 봉사에 대한 책임감으로 나아가는 사람이 힘을 얻어야 한다. 왕이 되려는 자는 왕관의 무게를 견뎌야 한다.

| FEB 10 | **목소리를 낼 수 있는 환경에서만 솔직한 피드백이 나온다.** |

누군가에게 솔직한 피드백을 주는 것이 두렵다고 해서 용기가 부족한 것은 아니다. 그것은 심리적 안정감이 조성되지 않았다는 뜻이다. 피드백을 막지는 않더라도 편히 목소리를 낼 수는 없는 환경이기 때문이다. 진실을 원한다면 진실을 말할 수 있는 환경을 만들어주어야 한다.

| FEB 11 | **대화의 공백을 채우는 의미 없는 표현은 분명한 의사소통에 도움이 된다.** |

"음…"이나 "어…" 같은 말을 아예 쓰지 않는 것은 잘못이다. 이런 표현$^{\text{filler word}}$은 문장 사이에 새로운 정보가 등장한다고 알리는 신호 역할을 하기 때문에 청자가 다음에 올 정보를 더 쉽게 이해하고 기억하게 만든다. 주저하는 것처럼 보일까 봐 걱정할 필요 없다. 오히려 명확한 의사소통에 도움이 된다.

FEB 12

**다른 의견을 내는 것이
잘못된 행동은 아니다.**

복잡한 문제에 대해 이야기할 때, 남들과 다른 의견을 내도 나쁜 사람이 되는 것은 아니라고 몇 번을 더 강조해야 사람들이 납득할까. 인격은 무엇을 믿느냐가 아니라 어떻게 행동하느냐로 결정된다. 다른 의견을 가지는 것은 잘못된 행동이 아니다.

FEB 13

**자신의 가치를 지키고 싶다면
다른 사람의 가치도 존중해야 한다.**

"솔직하게 행동한 것뿐이야."라는 말로 무례한 행동을 합리화할 순 없다. 남을 배려하는 마음이 전혀 없다는 뜻일 뿐이니까. 공감 없는 진정성은 이기적이며, 선을 지키지 않는 진정성은 경솔하다. 자신의 진정한 가치를 지키고 싶다면 다른 사람의 가치도 존중해야 한다.

FEB 14

**창조적인 갈등이
아름다운 음악을 만든다.**

"지적 케미가 좋다."라는 말은 서로의 의견이 100퍼센트 일치한다는 뜻이 아니다. 오히려 의견 불일치를 즐긴다는 의미이다. 조화는 서로 다른 음색이나 목소리, 악기가 만나 기분 좋게 어울리는 상태를 의미할 뿐, 완전히 똑같은 소리를 합쳐놓은 것을 말하지 않는다. 창조적인 갈등이 아름다운 음악을 만든다.

FEB 15

**START SMARTER,
THINK DEEPER, LEAD BETTER**

이번 주, 무엇이 당신을 움직이게 했나요?

....

....

....

....

....

....

....

FEB 16

**진보는 직선이 아니라
루프 형태로 전개된다.**

진보가 직선으로 이루어지는 경우는 거의 없다. 일반적으로 루프 형태로 전개된다. 매일매일 쳇바퀴 돌 듯 제자리만 빙빙 도는 것처럼 느껴질 수 있지만, 몇 달 또는 몇 년의 궤적을 돌아보면 앞으로 성큼 나아간 모습을 볼 수 있다. 큰 성장은 사소해 보이는 수많은 전환의 결과이다.

> **FEB 17** **비판적 사고는 다양한 정보를 어떻게 취합하느냐에 달려 있다.**

균형 잡힌 논쟁에서 양쪽의 무게가 똑같지는 않다. 더 강력한 증거쪽으로 기운다. 비판적 사고는 자신의 견해를 다 표현하는 게 아니다. 자신의 선입견을 인식하고 희망이나 신념과는 엄연히 다른 사실 정보를 진지하게 고려해보는 것이다.

FEB 18 **친구든 무엇이든
양보다는 질을 높여야 한다.**

 세상은 양을 미화하지만 결국은 질이 중요하다는 사실을 기억하자. 그저 그런 작품을 산더미처럼 만들기보다는 소수의 걸작을 만들어야 성공한다. 많은 지인보다 몇 안 되는 진정한 친구가 행복을 준다.

FEB 19

**인생의 작은 파도는
회복하는 힘을 만들어준다.**

힘든 경험이 전부 다 트라우마는 아니다. 시련에 의해 일상생활을 해나가는 능력이 얼마나 심하게, 얼마나 오랫동안 영향을 받았는가에 따라 달라진다. 인생을 통째로 흔드는 고통과 단순한 불편함을 혼동하면 고통을 과소평가하게 되고, 회복탄력성이 약해진다.

| FEB 20 | **규칙적인 게임은
두뇌 운동이 될 수 있다.** |

아이들에게 게임을 금지하지 마라. 오히려 어른들도 같이해야 한다. 규칙적으로 게임을 하는 아이들은 하지 않는 아이들보다 작업 기억력과 충동 조절능력이 뛰어나다. 연구 결과에 따르면 게임은 어른들의 인지능력에도 효과적이다. 게임은 일종의 두뇌 운동이다.

FEB 21

**나와 다른 의견을 듣는 것은
새로움을 배울 수 있는 기회다.**

열린 마음으로 바라보면 누군가 내 의견에 반론을 제기하는 것은 나에 대한 공격이 아니다. 오히려 새로운 것을 배울 수 있는 좋은 기회가 된다. 다른 사람의 주장에 동의하지 않더라도 그 관점을 이해하려고 노력하는 것은 도움이 된다. 이를 통해 토론은 열기를 띠면서 가정이 명확해지고 추론은 예리해진다.

FEB 22

**START SMARTER,
THINK DEEPER, LEAD BETTER**

이번 주, 무엇이 당신을 움직이게 했나요?

FEB 23

**에너지를 유지하고 번아웃을 피하려면
규칙적으로 휴식을 취해야 한다.**

건강하지 않은 문화에서는 휴식을 가속페달에서 발을 떼는 것으로 본다. 지쳐서 나가떨어지기 전까지는 멈추지 말고 계속 밀어붙여야 한다고 말한다.

건강한 문화에서는 휴식을 중요한 연료 공급원이라고 생각한다. 에너지를 유지하고 번아웃을 피하려면 규칙적인 휴식이 필요하다.

FEB 24

**의사결정에는 직관과 경험,
둘 사이의 균형이 필요하다.**

의사결정 과정의 초반에는 직관을 신뢰할 수 없다. 과거의 패턴들이 현재에 적용되지 않을 수도 있기 때문이다. 결정을 어느 정도 저울질한 후에는 직관이 유용하다. 분석에서 놓쳤을지도 모르는 중요한 정보가 추가되기 때문이다.

> **FEB 25**
>
> **가장 큰 적수는 과거의 나이고,
> 가장 훌륭한 롤모델은 미래의 나다.**

타인을 넘어서려고 하면 자존감은 폭풍의 바다가 된다. 자신을 이기는 것이 목표일 때는 순탄한 항해가 펼쳐진다. 가장 큰 적수는 과거의 나이고, 가장 훌륭한 롤모델은 미래의 나다. 과거의 나와 미래의 나는 나를 조롱하지도 않고 방해하지도 않는다. 그들의 목적은 단 하나, 나에게 동기를 부여하는 것이니까.

FEB 26

**모든 대화는
새로운 것을 배우는 기회다.**

가장 똑똑한 한 사람의 말만 들으면 다른 사람들의 제각각 뛰어난 부분을 놓친다. 우리가 만나는 모든 사람은 우리가 모르는 무언가를 알고 있고, 우리가 살아보지 않은 삶에서 얻은 지혜를 가지고 있다. 모든 대화는 새로운 것을 배우는 기회가 된다.

FEB 27

**받은 것을 돌려주고
세상에 베풀 줄 알아야 한다.**

이기적인 사람을 계속 도와주면 그 사람은 점점 더 잘못된 행동을 하게 된다. 그런 사람에게 베푸는 것은 나를 이용한 것에 대한 보상을 주는 셈이고 다른 사람도 이용하라고 부추기는 것과 같다. 다른 사람에게 받은 것을 돌려주고 세상에 베풀려고 애쓰는 사람들에게 시간과 에너지를 나눠주자.

| FEB 28 | **"난 원래 그래."라는 생각이 성장의 기회를 빼앗는다.** |

"난 원래 그래."라는 생각 때문에 성장의 기회가 사라진다. 성격은 운명이 아니라 성향일 뿐이다. 생각이나 감정, 행동이 단 하나의 방식에 고정된 사람은 세상에 존재하지 않는다. 어떤 사람이 되는가는 타고난 성격적 특징에 달려 있지 않다. 성격을 바탕으로 어떤 결정을 내리느냐가 더 중요하다.

주도성

감정과 행동을 스스로 이끄는 법

"창의성은 세상에 넘친다.
부족한 것은 실행력이다."

MAR 1

**START SMARTER,
THINK DEEPER, LEAD BETTER**

이번 주, 무엇이 당신을 움직이게 했나요?

....

....

....

....

....

....

....

MAR 2

**진전을 위해서는 확대하고
목적을 위해서는 축소하라.**

단기적인 과제가 사소하게 느껴진다면 여러 개를 합쳐서 더 큰 목표로 의미 있게 만들자. 장기적인 목표를 이루는 것이 불가능하다고 느껴질 때는 쉽게 관리할 수 있도록 작은 조각들로 나누자. 진전을 위해서는 확대하고 목적을 위해서는 축소하라.

> **MAR 3**
>
> **생산성은 루틴을 유지해야 높아지고
> 창의성은 루틴을 벗어나야 발휘된다.**

생산성은 일관적인 루틴을 유지해야 높아진다. 반면 창의성은 루틴을 벗어날 때 발휘된다. 새로운 아이디어는 우리가 다양한 것을 읽고 다양한 사람을 만나고 일하는 시간과 장소에 변화를 주어야 나타난다. 안정성은 일을 끝낼 수 있게 해주지만 다양성은 새로운 결과를 만들어낸다.

MAR 4

**침묵의 피드백은
배움의 기회를 빼앗는 것이다.**

상대방에게 피드백하지 않는 것은 성장 대신 편안함을 선택하는 것이다. 침묵은 배움의 기회를 빼앗는 것일 수도 있다. 상대의 기분을 상하게 할까 봐 걱정된다면 당신이 신뢰를 얻지 못했다는 뜻이다. 건강한 관계에서 솔직함은 관심의 표현이다.

MAR 5

진정성의 핵심은 일관성이 아니라 솔직하게 말하는 것이다.

생각을 바꾼다고 원칙을 버리는 것은 아니다. 그 사이에 새로운 무언가를 배웠다는 뜻일 수도 있다. 의견을 굽히지 않고 끝까지 밀어붙여 진정성을 희생시키는 것보다 모순된 행동으로 위선자라고 비난받는 편이 낫다. 진정성의 핵심은 일관성이 아니라 솔직하게 말하는 것이다.

MAR 6

무언가를 배우는 가장 좋은 방법은 잠시 쉬었다가 설명해보는 것이다.

읽은 내용을 기억하는 좋은 방법은 다시 읽거나 밑줄을 긋는 것이 아니다. 무언가를 배우는 가장 좋은 방법은 10분 정도 휴식을 취한 후 요약해서 누군가에게 가르쳐주는 것이다. 저장된 기억을 꺼내는 과정에서 더 잘 기억하게 되고, 설명의 과정을 거치면 더 잘 이해하게 된다.

MAR 7

다른 사람의 가치관을 바꾸려면 그들의 원칙에 다가가야 한다.

누군가의 가치관을 바꾸는 것은 어렵다. 그들이 이미 가진 가치관에 호소하는 것이 더 쉽다. 자신의 원칙을 밀어붙이면 사람들은 마음의 문을 닫는다. 그들의 원칙에 다가가면 문이 열린다. 다른 사람들을 동기부여하려면 그들이 중요하다고 생각하는 가치에 관심을 기울여야 한다.

MAR 8

**START SMARTER,
THINK DEEPER, LEAD BETTER**

———————————————————————

이번 주, 무엇이 당신을 움직이게 했나요?

....

....

....

....

....

....

....

....

MAR 9

여성들이 자유롭게 말할 수 있도록 고정관념에 함께 도전하라.

사람들은 남자가 단호하게 말하면 믿는다. 하지만 여자가 똑같이 행동하면 싫어한다. 그 여자는 나쁜 년이 된다. 여자들이 연약한 자아를 보호하기 위해 할 말을 참아야 한다고 말한다면 터무니없는 소리라고 응수해도 된다. 고정관념에 도전하는 여자를 응원하라.

MAR 10

**인생의 사건과 선택에는
복잡한 시스템이 적용된다.**

"~하면 행복할 텐데." "그게 딱 한 번뿐인 기회였는데…"라는 근거 없는 믿음에서 벗어나야 한다. 인생의 사건과 선택에는 복잡한 시스템이 적용된다. 목적지에 이르는 경로가 여러 개일 수 있고, 출발지가 같더라도 목적지가 여러 곳일 수도 있다.

MAR 11

**배울 점이 있는 사람이 지닌
세 가지 특성을 잘 알아채자.**

배울 점이 있는 사람인지 알아보는 방법에는 세 가지가 있다. 첫째, 자신과 똑같이 생각하기를 바라지 않고 스스로 생각하도록 격려해주는가. 둘째, 제자를 많이 모으려고만 하지 않고 스승도 많이 만들려고 하는가. 셋째, 자신이 옳다고 우기지 않고 틀렸다고 인정하는가.

MAR 12

**너무 많이 생각하는 것보다
생각을 하지 않는 게 더 큰 문제다.**

생각을 너무 많이 하는 것은 문제다. 생각을 너무 안 하는 것은 더 큰 문제다. 생각이 너무 많아서 분석 마비에 빠지는 사람들은 안타깝다. 처음부터 분석 자체를 안 하는 사람들은 걱정스럽다. 과신하고 후회하는 것보다 의심의 불편함을 받아들이는 편이 낫다.

MAR 13

**책임의 가장 중요한 원칙은
고통을 전가하지 않는 것이다.**

책임의 가장 중요한 원칙은 내가 겪은 고통을 다른 사람에게 넘기지 않는 것이다. 좋은 부모는 어린 시절의 짐을 자녀에게 대물림하지 않는다. 좋은 리더와 코치는 학대가 관습화되지 않도록 막는다. 내가 잘못된 방법으로 당했더라도 악순환의 고리를 끊고 올바른 방법을 선택할 수 있다.

MAR 14

**자신의 능력을 의심하는 것은
성장의 신호다.**

가면 증후군은 질병이 아니다. 불가능할 정도로 높은 기준을 설정하는 데서 오는 정상적인 반응이다. 자신을 의심하는 것이 실패할 거라고 체념한다는 뜻은 아니다. 그저 언젠가는 새로운 일에 도전하고, 그로 인해 배움을 얻는다는 뜻이다. 자신의 능력을 의심하는 것은 성장의 신호다.

MAR 15

**START SMARTER,
THINK DEEPER, LEAD BETTER**

이번 주, 무엇이 당신을 움직이게 했나요?

MAR 16

세상에는 공감이나 감정이입보다 연민이 더 필요하다.

이 세상에는 공감이나 감정이입보다 연민이 더 필요하다. 공감은 당신의 고통이 안타깝다고 생각하는 것이고, 감정이입은 당신의 고통을 똑같이 느끼는 것이다. 연민은 당신의 고통을 덜어줄 수 있다면 무슨 일이든 하겠다는 자세다. 다른 사람의 감정을 똑같이 느낄 필요는 없다. 그들의 감정에 관심을 기울이면 된다.

MAR 17

단지 운이 나쁜 사람들을 위해 항상 문을 열어두어야 한다.

성과에서 우연의 역할이 크다고 해서 성공할 수 없다는 뜻은 아니다. 그러나 성공할 자격이 있지만 그저 운이 나쁜 사람들이 많다는 사실을 기억해야 한다. 운이 별로 좋지 않은 사람들을 위해 항상 문을 열어두어야 한다는 사실을 잊지 말아야 한다.

MAR 18

**자신을 지킬 줄 아는 여성들을
격려하는 세상이 되어야 한다.**

자기주장을 펼치는 여성들은 벌을 받는다. 51개의 연구 결과, 자신을 위해 협상하는 여성은 이기적이고 공격적으로 보일까 봐 걱정하고 실제로 그런 역효과를 마주한다. 하지만 여성이 다른 사람들을 위해 협상하면 갑자기 배려 깊은 사람이라는 평가를 받는다. 자신을 위해 목소리를 내는 여성들을 격려하는 세상이 되어야 한다.

MAR 19

두려움의 가장 효과적인 해독제는 근거 있는 희망이다.

신중한 낙관주의는 무조건 긍정적인 면만 바라보는 것이 아니라 긍정적인 면을 간과하지 않는 것이다. 가능성을 보지 못하면 문제를 해결할 수 없다. 상황을 더 낫게 만들기 위해서는 최상의 시나리오를 상상해야 한다. 두려움의 가장 효과적인 해독제는 근거 있는 희망이다.

MAR 20

**행동이 바뀌어야
신뢰를 되찾을 수 있다.**

좋은 사과를 하려면 잘못에 대한 후회를 표현하는 것만으로는 부족하다. 다음에 더 잘하겠다는 부분을 강조해야 한다. 관계를 회복하려면 실수를 인정하는 것만으로는 부족하며, 실수를 반복하지 않아야 한다. 행동이 바뀌어야 다시 신뢰를 얻을 수 있다.

MAR 21

감정의 주도권을 얻기 위해서는 비난이 아니라 책임이 필요하다.

일상적인 상호작용에서 감성지능이 높은 사람은 "너 때문에 내가 ~을 느꼈다."가 아니라 "네가 ~해서 나는 이렇게 반응한다."에 집중한다. 우리의 감정은 대개 다른 사람의 행동에 직접적인 영향을 받는다기보다는 타인의 의도를 주관적으로 해석하면서 발생한다. 감정의 주도권을 얻기 위해서는 비난이 아니라 책임이 필요하다.

MAR 22

**START SMARTER,
THINK DEEPER, LEAD BETTER**

이번 주, 무엇이 당신을 움직이게 했나요?

....

....

....

....

....

....

....

....

MAR 23

**책이 부모 삶의 일부가 되어야
아이가 독서를 좋아하게 된다.**

집에 책을 잔뜩 쌓아놓는다고 해서 아이들이 독서를 좋아하게 되는 것은 아니다. 삶에서 책이 자연스러운 일부분이 되어야 한다. 책 읽는 모습을 자녀에게 꾸준히 보여주고, 식사할 때나 차 안에서 책 이야기를 나눈다. 도서관이나 서점을 자주 방문하거나 책을 선물해도 좋다.

MAR 24

**우리는 때로 두려움 때문에
가장 가치 있는 일을 피할 때가 있다.**

미루기는 게으름 때문이 아니다. 일을 미루는 이유는 일이 아니라 자기 의심, 지루함, 혼란, 좌절감 같은 불편한 감정을 피하기 위해서다. 우리는 싫어하는 일만 피하지는 않는다. 때로는 두려움 때문에 반드시 해야 하는 가장 가치 있는 일을 피할 때가 있다.

| MAR 25 | **상상력을 북돋우는 것이야말로 발명의 어머니이다.** |

호기심을 칭찬하지 않으면 창의성이 죽어가기 시작한다. 학생들은 좋은 질문을 할 때가 아니라 정답을 말할 때 상을 받는다. 관리자들은 새로운 아이디어를 개발할 때가 아니라 성과를 낼 때 승진한다. 하지만 상상력을 북돋우는 것이야말로 발명의 어머니이다.

MAR 26

집단의 지혜는 개인의 창의성에서 출발한다

브레인스토밍을 하다 보면 좋은 아이디어가 사라진다. 규칙에 대한 은근한 압력, 시끄러운 분위기, 위축된 자존심 때문에 사람들이 입을 꾹 다물기 때문이다. 더 나은 접근 방식은 브레인라이팅brain writing이다. 각자 아이디어를 떠올린 다음에 만나서 평가하고 다듬는 것이다. 집단의 지혜는 개인의 창의성에서 출발한다.

MAR 27

관심과 동경을 혼동하지 않고, 인정과 감사를 착각하지 말자.

관심과 동경을 혼동하지 않도록 조심하자. 단순히 눈에 띄는 것과 존경받는 것은 다르다. 인정과 감사를 착각하지 말자. 사람들이 당신을 안다고 해서 당신이 하는 일도 가치 있게 여긴다는 뜻은 아니다. 자신의 것을 나누는 목적은 팔로워를 얻는 것이 아니라 기여하기 위함이다.

MAR 28 건강한 도움이란 불편한 감정까지 포용하는 것이다.

잘못된 긍정은 부정적인 감정을 불러일으킨다. 사람들은 어려움에 처했을 때 수치심을 느낀다. 사람들이 고통을 표현하면 있는 그대로 받아들여야 한다. 건강한 도움이란 불편한 감정까지 포용하는 것이다. 연민은 상대방에게 무엇이 옳은 감정인지 알려주는 게 아니다. 함께 감정을 나누고 관심을 보여주는 것이다.

MAR
29

**START SMARTER,
THINK DEEPER, LEAD BETTER**

이번 주, 무엇이 당신을 움직이게 했나요?

....

....

....

....

....

....

....

MAR
30

**세상에 창의성은 넘친다.
부족한 것은 실행력이다.**

남들이 아이디어를 훔쳐갈까 봐 두려워하는 사람들은 일반적으로 좋은 아이디어가 별로 없다. 세상에 창의성은 넘친다. 부족한 것은 실행력이다. 중요한 것은 최고의 아이디어가 아니라 최고의 실행이다.

MAR 31

**무엇이 분노하게 만드는지 알면
자신에게 중요한 것도 알 수 있다.**

분노는 비이성적인 감정으로 비칠 때가 많지만 아무런 논리 없이 발생하는 감정은 아니다. 분노는 대개 위협적이거나 해로운 것을 맞닥뜨렸을 때 일어난다. 화를 내는 것은 자신에게 중요한 무언가가 위험에 처했다는 신호다. 자신을 화나게 하는 게 무엇인지 알면 자신에게 중요한 것도 알 수 있다.

태도
꾸준히 쌓아가는 작은 실천

"미덕은 말이 아니라
행동으로 얻는 것이다."

APR 1

**자신의 실수를 웃어넘길 때
실수에서 배움을 얻을 수 있다.**

실수에서 배움을 얻는 가장 좋은 방법은 자신의 실수를 웃어넘기는 것이다. 실수에 대해 당혹감을 느끼지 말라는 뜻이 아니라, 수치심을 느끼지 않고 과거의 나를 떠올리며 즐거워하라는 것이다. '헉!'이 '하하'로 빠르게 바뀔수록 다음번에는 더 빨리 실수를 피하는 방법을 찾을 수 있다.

| APR 2 | **성급한 결론을 내리기 전에
정보를 모으는 습관이 필요하다.** |

의견이 없다는 것은 무지나 무관심을 뜻하지 않는다. 그보다는 열린 마음을 뜻할 때가 많다. 복잡하고 중대한 사안일수록 판단을 보류해야 비판적인 사고가 가능해진다. 성급한 결론을 내리기 전에 정보를 모으는 것은 배움을 위한 좋은 습관이다.

| APR 3 | **좋은 의사소통이란
분명하고 친절한 메시지 전달이다.** |

상대방의 수동 공격적인 행동을 고쳐보겠다고 잔혹할 정도로 솔직해질 필요는 없다. 배려 없는 솔직함은 당신을 나쁜 사람으로 만들 뿐이다. 좋은 의사소통이란 메시지를 분명하고 친절하게 전달하는 것이다. 그렇다고 해서 사실을 좋게 포장하려 하지 마라. 당신이 상대를 도우려고 한다는 점이 분명히 드러나야 한다.

APR 4

**일상의 즐거움을 음미하면
충분한 만족감을 지속할 수 있다.**

행복은 기쁨의 정도를 극대화하는 것이 아니라 기쁨의 횟수를 늘리는 것이다. 쾌감을 좇으면 자주 실망하고, 가끔 일시적이고 강렬한 흥분이 찾아올 때만 롤러코스터를 타게 된다. 일상의 즐거움을 음미하면 충분한 만족감을 지속할 수 있다.

APR 5

**START SMARTER,
THINK DEEPER, LEAD BETTER**

이번 주, 무엇이 당신을 움직이게 했나요?

| APR 6 | **머리로만 하는 생각은 대개 단편적이기 쉽다.** |

글쓰기가 막힐 때 멍하니 화면만 바라본다고 해결되지는 않는다. 글이 막히면 산책을 하러 나가거나 친구에게 전화를 걸어 목소리를 내어 말해보자. 머릿속으로만 하는 생각은 대개 단편적이다. 움직이면서 말하다 보면 생각을 구체화할 수 있다.

> **APR 7**
>
> **창의적인 생각은
> 새로운 환경에서 비롯된다.**

새로운 것을 끊임없이 만드는 기업가와 영화 제작자, 예술가, 과학자가 남들과 다른 점은 무엇일까? 그들은 계속해서 자신을 쇄신한다. 실험을 두려워하지 않으며 새로운 문제에 달려들고 새로운 기술을 시도하며 새로운 사람과 협업해 새로운 문화에서 일한다.

| APR 8 | **미덕은 말이 아니라 행동으로 얻는 것이다.** |

우리가 자신의 의도를 설명할 수는 있지만 그 영향력을 판단하는 것은 다른 사람들의 몫이다. 스스로를 공정하거나 충성스럽거나 도움이 된다고 말할 수는 없다. 단지 그 가치관에 따라 살아가기 위해 노력할 뿐이다. 미덕은 말로 주장하는 것이 아니라 행동으로 얻는 것이다.

APR 9

세상에는 합리성이 더 필요하고 합리화는 덜 필요하다.

　세상에는 합리성이 더 필요하고 합리화는 덜 필요하다. 합리화는 어떤 의견이나 결정에 도달한 후 정당성을 찾으려고 하는 것이다. 합리성은 결론에 이르기 전에 가장 뛰어난 논리와 데이터를 찾고 마음을 바꿀 수 있도록 열린 자세를 유지하는 것이다.

| APR 10 | **우리는 모두 자신을 의심한다.
나약해서가 아니라 인간이기 때문이다.** |

 회복탄력성은 자신보다 남에게서 더 잘 보이는 법이다. 우리는 자신을 과소평가하는 경우가 많은데, 다른 사람에게서 강한 겉모습만 보고 내면의 투쟁은 보지 못하기 때문이다. 우리는 모두 자신을 의심한다. 자신의 결정에 의문을 제기하는 것은 나약해서가 아니다. 인간이기 때문이다.

APR 11

**좋은 롤모델이 되고 싶다면
태도를 갖추는 것부터 시작하라.**

부모는 자녀에게 대화로 가치를 가르치려고 하지만, 아이들은 관찰을 통해 더 많이 배운다. 부모가 아무리 말로 떠들어도 아이들은 부모의 행동에서 부모가 중요시하는 가치를 발견한다. 좋은 롤모델이 되고 싶다면 세심한 태도를 갖추는 것부터 시작하라.

APR 12

**START SMARTER,
THINK DEEPER, LEAD BETTER**

이번 주, 무엇이 당신을 움직이게 했나요?

APR 13

**유지할 가치가 있는 관계라면
개선할 여지가 있다.**

솔직할 수 없는 관계는 좋은 관계가 아니라 겉치레일 뿐이다. 유지할 가치가 있는 관계라면 개선할 여지가 있다. 건강한 관계에서는 좋은 게 좋은 것이라는 식으로 회피하지 않고 관계를 유지하기 위해 노력한다.

APR 14

**분명하고 솔직한 피드백은
결국 모두에게 도움이 된다.**

우리는 친절하고 예의 바른 사람을 과대평가하고 불평 많고 직설적인 사람을 과소평가한다. 후자가 솔직한지는 의심할 필요가 없다. 그들은 항상 자기 입장을 항상 분명하게 밝힌다. 솔직한 의견을 들으면 당장은 기분이 상하겠지만 결국 도움이 된다.

APR 15

**미래라고 지금보다 덜 바쁠 리 없다.
다시 새로운 우선순위가 생길 테니까.**

과제를 효율적으로 처리한다고 해서 목표를 빠르게 달성하는 것은 아니다. 목표 달성은 내가 시간을 쓰는 대상을 까다롭게 선택하는 것에 달려 있다. 미래에 자유 시간이 많아지리라는 것은 환상이다. 미래에는 다시 새로운 우선순위가 생길 테니 절대 지금보다 덜 바쁠 리가 없다. 한 번에 "예스"가 나오지 않는다면 무조건 거절하라.

| APR 16 | **존중하지 않는 사람의 의견에 자존감이 떨어질 이유는 없다.** |

불안의 근원은 어떤 문제에 대해 누군가의 의견을 중요하게 받아들일지 말지 결정하지 못하는 데 있다. 피드백이나 조언을 받으면 자문해보자. 나는 이 문제에 대해 이 사람을 존중하고 있는가? 존중하지 않는 사람의 의견이라면 그 의견 때문에 자존감이 떨어질 이유도 없다.

APR 17

팀의 문화를 이해하려면
성과를 내는 사람들을 살펴보라.

팀의 문화를 이해하려면 높은 성과를 내는 사람들을 유심히 살펴보자. 빼앗는 문화에서는 고성과자들이 성과와 정보를 독점한다. 다른 사람들을 밟고 위로 올라간 것이다. 베푸는 문화에서는 고성과자들이 성과와 아이디어를 나눈다. 다른 사람들을 끌어올려 주면서 함께 올라갈 수 있다.

APR 18

대인관계에서의 스킬이 가장 배우기 어려운 기술이다.

대인관계와 관련된 기술인 '소프트 스킬soft skill'은 가장 학습하기 어려운 기술이다. 리더십, 커뮤니케이션, 협업, 창의성, 적응력은 전문 기술은 아니지만 점점 더 중요해지고 있다. 행동 역량, 사회적 역량, 정서적 역량이야말로 인간을 대체 불가한 존재로 만든다.

APR 19

**START SMARTER,
THINK DEEPER, LEAD BETTER**

이번 주, 무엇이 당신을 움직이게 했나요?

....

....

....

....

....

....

....

APR 20

**숏폼은 자극을 주지만
롱폼은 통찰을 준다.**

숏폼 콘텐츠는 자극적이고 한순간에 눈길을 사로잡지만, 오래 지속되는 인상을 남기지 못한다. 짧은 영상을 아무리 잔뜩 보아도 영화 한 편을 끝까지 보는 것에 비할 수 없다. 소셜 미디어 게시물을 잔뜩 읽는 것도 좋은 책에 담긴 깊이 있는 통찰과는 비교가 되지 않는다. 롱폼이 최고다.

> **APR 21**
>
> **열심히 일한다고 해서
> 모두 좋은 사람은 아니다.**

열심히 일한다고 좋은 사람이라는 뜻은 아니다. 인성은 직업윤리가 아닌 윤리가 결정한다. 아무리 일에 헌신하고 온 힘을 쏟아부어도 관계에서 진심을 다하고 너그럽지 않으면 사람들은 당신을 완전히 신뢰하지 않을 것이다.

APR 22

**좋은 조언이란
'맞춤형' 조언이다.**

누군가에게 조언할 때는 '나에게 도움되었던 것'이 아니라 '상대방에게 예전에 도움되었던 것'이 무엇인지 물어본다. 그러면 상대방은 스스로 성찰하며 자신이 회복탄력성을 얻은 방법을 깨닫고 눈앞의 역경을 이겨낼 수 있다는 자신감을 얻을 것이다.

| APR 23 | **의사소통의 목표는
단순함이 아니라 명확함이다.** |

    사람들이 이해하지 못할 것이라고 판단해서 자신의 아이디어를 최대한 단순하게 설명해야 한다고 생각한다면 사람들을 지나치게 과소평가하는 것이다. 사람들이 이해하지 못하는 이유는 내가 제대로 설명하지 못했기 때문이다. 의사소통의 목표는 단순함이 아니라 명확함이다.

APR 24
필요한 사람보다는 가치 있는 사람이 되자.

일상생활에서는 필요한 사람보다 가치 있는 사람이 되는 것이 좋다. 필요한 사람이 되면 다른 사람들이 나에게 의존하게 되고 나는 그 사람들에게 책임감이 생긴다. 실망시킬까 봐 걱정되고 죄책감도 느낀다. 가치 있는 사람이 되면 자유롭다. 도움을 주면 감사 인사를 받지만 다른 사람에게 도움을 줘야 할 책임은 없다.

APR 25

**옛 친구와의 만남에서
새로운 배움을 기대하라.**

옛 친구와 오랜만에 만난다면 걱정하는 사람들이 많지만, 대부분은 즐겁고 재미있는 시간을 보낸다. 그들은 지금의 지인들보다 참신한 아이디어와 유익한 조언을 건네는 경우가 많은데, 그동안 새로운 사람들을 만나고 새로운 것들을 배웠기 때문이다.

APR 26

**START SMARTER,
THINK DEEPER, LEAD BETTER**

이번 주, 무엇이 당신을 움직이게 했나요?

APR 27

정직은 도덕적인 결정이 아니라 건강한 선택이다.

    정직은 단순히 도덕적인 결정이 아니라 건강한 선택이다. 10주 동안 거짓말을 하지 않는 실험을 한 결과, 사람들은 유대 관계가 돈독해져서 정신 건강이 개선되었다. 정직에서 기쁨과 친밀함이 탄생한다. 거짓은 신뢰를 무너뜨린다. 우리는 사람들에게 진실을 기대하며, 이것이 서로 가까워지는 원동력이 된다.

APR 28

**열정은 무한하지만
시간은 유한하다.**

번아웃은 동기부여가 사라져서 찾아오는 게 아니다. 용량이 부족하기 때문에 찾아온다. 세상에는 하루 24시간으로 감당하지 못할 만큼 흥미로운 사람들과 프로젝트가 넘쳐난다. 중요한 것은 관심사를 추구할 시간적 여유가 있느냐다. 열정은 무한하지만 시간은 유한하다.

APR 29

**집중력이 가장 높을 때
일할 수 있어야 한다.**

세상은 야행성 인간에게 불공평하다. 야행성 학생들은 오후나 저녁 수업에서만 눈이 초롱초롱하고 그 과목에서만 좋은 성적을 받는다. 야행성 직장인들은 똑같은 시간 일하고 똑같은 결과를 내놓아도 늦게 시작했다는 이유로 불이익을 받는다. 공정한 평가를 받으려면 활동 패턴을 바꿔야 한다.

APR 30

**인생의 생산성은
생각과 배움에 달려 있다.**

하루의 생산성은 실제로 일하는 시간에 달려 있다. 한 해의 생산성은 생각의 질에 달려 있다. 커리어의 생산성은 배움의 질에 달려 있다.

관계
더 깊고 건강하게 만들어내는 연결

"확실하지 않을 때는
무조건 친절을 선택하라."

> **MAY 1**
>
> **현존하는 최고의 항우울제는 타인에 대한 너그러움이다.**

현존하는 최고의 항우울제는 타인에 대한 너그러움이다. 다른 사람을 도와주면 스스로 가치 있고 유능한 사람이라고 느껴져서 스트레스가 줄어든다. 다른 사람의 고민을 함께 나누다 보면 자신이 처한 어려움을 극복할 지혜를 얻을 수 있고 앞으로 계속 나아가는 데 동기부여가 된다.

MAY 2

**가장 위대한 성취는
삶을 스스로 선택하는 자유다.**

성공을 돈이나 성취감, 영향력을 얻는 것으로만 정의하면 자유를 잃는다. 인생에서 가장 위대한 성취는 자신의 삶의 방향을 선택하는 자유를 얻는 것이다. 자율성보다 더 가치 있는 화폐는 없다.

MAY 3

**START SMARTER,
THINK DEEPER, LEAD BETTER**

이번 주, 무엇이 당신을 움직이게 했나요?

....

....

....

....

....

....

....

....

MAY 4

**가르침이나 즐거움이 없다면
독서를 멈추는 것이 낫다.**

한 번 읽기 시작한 책을 꼭 완독할 필요는 없다. 독서를 멈추는 것은 실패가 아니다. 한정된 시간 안에서 읽을 가치가 있는 다른 책이 많다는 사실을 받아들이는 행동일 뿐이다. 가르침이나 즐거움을 주지 않는 책이라면 멈추고 다른 책을 읽는 게 낫다.

MAY 5

자신의 행동을 책임지는 것이 진정한 사과다.

사과를 하지 않는 것은 강인함을 보여주는 게 아니라 자기도취에 빠져 있다는 것을 보여준다. "~했다면 미안해."는 사과가 아니다. 자기 잘못이 뭔지 잘 모르겠다는 뜻이다. "~해서 미안해."라고 자신의 행동을 인정하고 책임지려는 모습을 보여야 진정한 사과다.

MAY 6

**확실하지 않을 때는
무조건 친절을 선택하라.**

우리가 힘들어하는 사람에게 쉽게 손 내밀지 못하는 가장 큰 이유는 혹시 선 넘는 행동을 하는 게 아닐까 걱정하는 마음 때문이다. 그럼에도 관심을 표현하지 않고 상대를 혼자 내버려두는 것보다는 어색해질 것을 각오하고 관심을 표현하는 게 더 낫다. 확실하지 않을 때는 무조건 친절을 선택하라.

MAY 7

**제대로 된 조직이라면
재수 없는 인간은 성공할 수 없다.**

당신이 속한 조직에서 해로운 영향을 끼치는 사람들이 잘나간다면 조직문화뿐 아니라 보상 시스템에도 문제가 있는 것이다. 건강한 조직에서는 다른 사람에게 끼치는 영향력이 연봉과 성과, 승진을 좌우하는 가장 중요한 요인이기 때문이다. 제대로 된 조직이라면 재수 없는 인간은 성공할 수 없다.

MAY 8

**한 사람의 피드백은 의견이지만
여러 사람의 지적은 패턴이다.**

마음에 들지 않는 피드백을 받았을 때 그대로 받아들이는 것만이 바람직한 반응은 아니다. 나와 다른 관점이 무엇인지 발견해야 한다. 한 사람의 피드백은 의견이지만 여러 사람이 같은 지적을 한다면 패턴이다. 성장을 위한 가장 좋은 방법은 잡음 속에서 반복적인 신호를 찾는 것이다.

MAY 9

**중요한 사람이 되고 싶다면
성장의 속도를 높여야 한다.**

커리어에서 자존감은 다음의 3단계를 거쳐 진화한다.

1단계: 나는 중요하지 않다.

2단계: 나는 중요하다.

3단계: 나는 중요한 일을 하고 싶다.

세 번째 단계에 빨리 도달할수록 더 많은 성공을 거두고 더 큰 영향력을 발휘할 수 있다.

MAY 10

**START SMARTER,
THINK DEEPER, LEAD BETTER**

이번 주, 무엇이 당신을 움직이게 했나요?

....

....

....

....

....

....

....

....

| MAY 11 | **여성에게 권한을 부여하지 않으면 힘을 실어줄 수 없다.** |

고정관념을 깨뜨리려면 먼저 유리천장을 부숴야 한다. 기업에서 여성이 리더로 승진하면 여성은 더 이상 돌봄의 주체가 아니라 유능한 존재로 비칠 수 있다. 여성에게 권한을 부여하지 않으면 실제로 힘을 실어줄 수 없다.

| MAY 12 | **생각의 속도가 느리다고 해서
생각의 깊이도 얕은 것은 아니다.** |

우리는 빠르고 얕게 생각하는 사람들의 말에만 귀를 기울이고, 느리고 깊게 생각하는 사람들에게는 귀를 기울이지 않는다. 재빠르게 판단하고 대응하는 모습이 똑똑해 보일 수는 있지만 반드시 지혜롭다는 뜻은 아니다.

> **MAY 13**
>
> **자의식이 강하고 진실한 사람은 평판을 거울처럼 여긴다.**

다른 사람들의 생각을 너무 무시하면 생각이 없어 보인다. 반대로 지나치게 신경 쓰면 진정성이 없어 보인다. 자의식이 강하고 진실한 사람들은 평판을 거울처럼 여긴다. 매일 거울을 보듯 자신의 모습을 확인하되 온종일 그것만 쳐다보지는 않는 게 좋다.

MAY 14 — 우리의 취약성이 회복탄력성을 강화해줄 수 있다.

취약성은 회복탄력성의 반대말이 아니다. 오히려 회복탄력성을 강화하는 역할을 한다. 완벽함을 투영하면 자존심을 지킬 수는 있지만 사람들을 차단하고 성장을 가로막는다. 반면 애쓰는 모습은 겸손함과 인간성을 보여주고 힘과 지지로 이어진다.

MAY 15

**야심 찬 목표에 도달하지 못해도
수용 가능한 결과에 도달한다면 괜찮다.**

야심 찬 목표는 성공 가능성을 높이지만 스스로 실패자라고 느낄 확률도 커진다. 해결책은 두 가지 목표를 세우는 것이다. 야심 찬 목표와 수용 가능한 결과. 야심 찬 목표에 도달하지 못해도 수용 가능한 결과에 도달한다면 실패한 게 아니다.

MAY 16

**쉼을 아는 사람만이
세상을 바꿀 수 있다.**

휴식은 시간 낭비가 아니다. 삶의 질을 높이는 투자다. 여유는 게으름이 아니다. 에너지의 원천이다. 재충전은 일탈이 아니다. 주의력을 다시 집중할 수 있는 기회다. 놀이는 시시한 활동이 아니다. 연결과 창의성으로 가는 길이다.

MAY 17

**START SMARTER,
THINK DEEPER, LEAD BETTER**

이번 주, 무엇이 당신을 움직이게 했나요?

....

....

....

....

....

....

....

| MAY 18 | **멀리서 볼 때는 재능이,
가까이에서는 인성이 중요하다.** |

멀리에서 볼 때 우리는 재능을 동경하지만 가까이에서 볼 때는 인성이 가장 중요하다. 좋은 인상을 남기기 위해서는 능력만으로 충분하지만, 신뢰를 얻기 위해서는 대의를 위해 나서는 모습이 필요하다. 다른 사람에게 친절하게 대하고 진정성을 지키며 살아가는 것보다 더 큰 성취는 없다.

MAY 19

**글쓰기는
생각의 도구이다.**

글은 아이디어가 떠오른 후에 쓰는 것이 아니다. 일단 글을 쓰다 보면 흐릿했던 생각이 점점 통찰로 발전한다. 생각을 말로 바꾸면 논리가 날카로워진다. 머릿속에서는 애매모호하던 것도 종이 위에서는 명확해진다. 소질이 없다는 생각으로 글쓰기를 멀리하지 마라.

MAY 20

**타인의 장점을 보지 못하면
타인의 잠재력을 끌어낼 수 없다.**

누군가에게서 선함을 찾으려는 행동은 순진한 것이 아니다. 그저 냉소적이지 않은 사람이라는 뜻이다. 사람들의 강점을 발견한다고 그들의 단점까지 부정하는 것은 아니다. 다만 그 강점을 통해 그들에게 단점을 이겨낼 잠재력이 있다는 것을 알게 될 뿐이다. 타인의 좋은 면을 보지 못하는 사람은 타인의 잠재력을 끌어내지 못한다.

MAY 21

**확신은 신뢰의 표시가 아니다.
목소리는 생각을 대신할 수 없다.**

우리는 자신감 넘치는 사람들의 목소리에만 관심을 기울이고 신중한 목소리에는 관심을 기울이지 않는다. 확신은 신뢰의 표시가 아니다. 단호한 목소리가 깊은 생각을 대신할 수는 없다. 말만 번드르르한 사람보다 깊이 생각하는 사람에게 더 많이 배울 수 있다.

MAY 22

**성장의 열쇠는
생각을 기꺼이 바꾸는 것이다.**

나와 의견이 같다고 해서 그들의 말에 무조건 귀 기울일 필요는 없다. 다른 사람의 생각에 감명을 받았을 때 귀 기울여야 한다. 지적 충성심은 강한 신념을 지지하는 것이지만, 지적 성실성은 논거를 통해 설득하는 것이다. 성장의 열쇠는 생각을 기꺼이 바꾸는 것이다.

MAY 23

**자신을 돌보기 위해서는
기대를 거부할 줄 알아야 한다.**

우리는 다른 사람의 기대에 부응할 의무가 없다. 책임감은 자신이 만들어낸 약속이다. 이것을 지키기 위해 다른 사람들을 돌보는 것이다. 반면 기대는 타인이 가하는 압박이다. 그보다는 자신을 지키는 일에 더 충실해야 한다.

MAY 24

**START SMARTER,
THINK DEEPER, LEAD BETTER**

이번 주, 무엇이 당신을 움직이게 했나요?

MAY 25

**지루함은 의외로
쓸모 있는 감정 상태다.**

지루함은 의외로 쓸모 있는 감정 상태다. 지루함은 호기심을 갖고, 새롭고 흥미로운 질문들에 대해 곰곰이 생각해보라는 신호일 수도 있다. 생활이 바빠지면 지루할 틈도 없어지지만, 여기에는 부작용도 있다. 우연한 발견의 문이 닫혀버린다는 것.

> **MAY 26**
>
> **존경을 받으려면
> 먼저 상대의 가치를 인정해줘야 한다.**

자신의 지위를 증명하려 애쓸수록 불안해 보일 뿐이다. 스스로 중요한 사람인 것처럼 굴면 존경받기 어렵다. 우리는 상대를 중요한 사람이라고 느끼게 해주는 사람을 존경한다. 우리는 자신의 가치를 인정해주고 목소리에 귀 기울여주는 사람을 존경하기 마련이다.

MAY 27

**심리적 안정감을 주는 환경이란
누구나 목소리를 낼 수 있는 곳이다.**

심리적 안정감을 주는 환경이란 듣기 좋은 말만 듣는 곳이 아니다. 중요한 것은 편안함을 느끼는 것이 아니라 누구나 두려움 없이 목소리를 낼 수 있는 환경을 만드는 것이다. 심리적 안정감은 자신의 실수를 인정하고 타인의 비판을 기꺼이 받아들이는 데서 시작한다.

MAY 28

번영은 허구 세계로의 도피가 아닌 현실 세계의 창조에서 태어난다.

드라마 시리즈를 한꺼번에 몰아서 보면 무료한 삶에서 잠시 도망칠 수는 있겠지만, 근본적인 문제를 해결할 수는 없다. 이것은 허구 세계에 소극적으로 참여하는 것일 뿐, 의미나 전문성 같은 중요한 감각과는 상관이 없다. 번영은 현실 세계에서 적극적으로 창조하고, 연결되며, 기여할 때 만들어진다.

MAY 29

**건설적인 피드백을 활용하라.
불편함은 성장의 신호다.**

많은 사람이 건설적인 피드백을 제대로 활용하지 못하는 이유는 감정적으로만 대응하고 행동을 바꾸지는 않기 때문이다. 도움되는 제안을 자신에 대한 공격으로 느끼면 나쁜 습관을 뜯어고칠 수 없다. 배움을 얻는 가장 좋은 방법은 과도한 교정이다. 불편함은 성장의 신호다.

MAY 30

자기 지식의 불완전함을 아는 것이 배움의 전제 조건이다.

양극화 문제의 근본적인 원인은 지적 겸손의 결핍이다. 자기가 틀릴 수도 있음을 인정하지 않는 사람들이 너무 많다. 생각의 다양성은 마음을 열어주지만, 너무 강한 신념은 마음을 닫아버린다. 자기 지식의 불완전함을 아는 것이 배움의 전제 조건이다.

MAY 31

**START SMARTER,
THINK DEEPER, LEAD BETTER**

이번 주, 무엇이 당신을 움직이게 했나요?

휴식
멈춤으로 창조되는 새로운 가능성

"휴식은 낭비가 아니라
행복에 투자하는 시간이다."

JUN 1

**확신은 오만함이 되기 쉽다.
지혜는 느낌표가 아닌 물음표다.**

뛰어난 판단력은 의견을 빠르게 결정하는 것과 무관하다. 그보다는 자기의 생각을 얼마나 확신하느냐에 달려 있다. 하지만 얕은 정보만으로 강하게 확신한다면, 그것은 오만함이다. 겸손한 사람은 가벼운 관점을 빠르게 수정한다. 지혜는 느낌표가 아니라 물음표다.

JUN 2

**불필요한 사과보다는
고마움의 표현이 중요하다.**

"답이 늦어서 미안해요."라는 말을 입에 달고 사는 것은 우리가 24시간 연결을 요구하는 비상식적인 사회에 살고 있음을 보여준다. 약속한 기한보다 늦게 답한 것이 아니라면 사과할 필요가 없다. 죄책감은 내려놓자. 늦은 게 아니니까. 합리적인 기대에 대한 고마움을 표현하는 것이 더 건강한 메시지다. "기다려줘서 고맙습니다."

| JUN 3 | **자기 돌봄이란
자기 방임의 반대말이다.** |

자기 돌봄의 반대말은 자기 방임이다. 자기 방임이란 남을 위해 자신을 희생하는 것이다. 자기 돌봄은 자신에게 해가 되지 않는 선에서 남을 돕는 것을 말한다. 다른 사람과 거리를 둔다고 해서 자기중심적이라는 뜻은 아니며, 오히려 자기 인식이 뛰어나다는 의미다.

| JUN 4 | **여러 명이 내 능력을 믿고 있다면
그들의 판단을 믿어보자.** |

가면 증후군의 역설은 다음과 같다.

다른 사람들은 당신을 믿는다. → 당신은 자신을 믿지 않는다. → 당신은 사람들이 아니라 자신의 생각을 믿는다.

자신의 능력이 의심스럽다면 스스로에 대한 판단도 의심해야 하지 않을까? 여러 명이 당신의 능력을 믿고 있다면 그들의 판단을 믿어도 되지 않을까?

JUN 5

**데이터는 의사결정을 위한 인풋일 뿐,
데이터에 좌우되어서는 안 된다.**

안정적인 세상은 데이터가 주도한다. 변화하는 세상에서는 특히 데이터를 참고해서 결정을 내려야 한다. 데이터는 과거의 패턴을 보여준다. 물론 그 패턴이 미래에 어떻게 변화할지 예측하려면 판단력이 필요하다. 의사결정이 데이터로 인해 좌우되어서는 안 된다. 데이터는 의사결정을 위한 인풋일 뿐이다.

JUN 6

**높은 자리에 오를수록
타인의 성과가 당신의 성공이 된다.**

높은 자리로 올라갈수록 다른 사람들의 성과가 당신의 성공을 좌우한다. 리더는 그를 따르는 사람들의 성과로 평가받는다. 좋은 리더십이란 개인이 능력보다 더 많은 것을 해내고, 혼자서는 불가능한 일을 집단이 함께 해내도록 끌어올려 주는 것이다.

JUN 7

**START SMARTER,
THINK DEEPER, LEAD BETTER**

이번 주, 무엇이 당신을 움직이게 했나요?

JUN 8

**탁월함은 쾌락보다
목적에 이르는 더 좋은 길이다.**

실패로 인해 불행해지는 경우는 종종 있지만, 성공으로 큰 행복을 맛보는 경우는 드물다. 야심 찬 목표를 세워야 하는 이유는 기쁨을 경험하기 위해서가 아니다. 성장하고 일에 능숙해지거나 다른 사람들을 위해 가치 있는 무언가를 창조하기 위함이다. 탁월함은 쾌락보다 목적에 이르는 더 좋은 길이다.

JUN 9

**많은 선택지는 가능성을 높이지만
성취에 대한 만족도는 낮아진다.**

너무 많은 선택지를 열어두면 다양한 기회에 도전해볼 가능성은 높아지지만 성취에 대한 만족도는 크게 낮아진다. 항상 더 나은 무언가를 찾아 헤매면 가치 있는 일에 매진할 기회를 놓친다.

JUN 10

**약한 감정이 많다는 것은
오히려 더 강하다는 증거다.**

아이들은 겸손과 친절이 약함의 표시가 아니라, 강함의 증거라는 것을 배워야 한다. 잘못을 인정하는 것 역시 자존감이 낮다는 의미는 아니다. 자신에 대해 제대로 안다는 뜻이다. 연민의 태도를 보이는 것은 줏대 없음을 뜻하지 않는다. 마음이 따뜻하다는 뜻이다.

> **JUN 11**
>
> **운동은 만병통치약이 아니지만
> 우울증과 불안감을 줄여준다.**

    운동은 우울증과 불안감을 줄여준다. 대조군이 있는 무작위 연구 1,000건 이상의 결과에 따르면 우울증 증상이 있든 없든, 신체적 활동은 행복감을 높여준다. 물론 운동은 만병통치약이 아니고 다른 좋은 치료법을 대신할 수 없지만, 신체가 건강해야 정신도 건강해진다는 것은 확인된 사실이다.

JUN 12
건설적인 논쟁은 서로의 의견과 가치관을 존중한다.

돈독한 관계를 위해 논쟁을 줄일 필요는 없다. 논쟁은 건설적으로 해야 한다. 모든 문제에 대한 의견이 항상 일치하거나 같은 가치관을 지향해야 할 필요는 없다. 서로의 의견을 이해하고 가치관을 존중하는 것이 중요하다.

JUN 13

**휴식은 낭비가 아니라
행복에 투자하는 시간이다.**

바쁘게 산다고 해서 사회적 지위가 높다는 의미는 아니다. 너무 많은 사람을 위해 너무 많은 일을 하려고 할 때 나타나는 부작용일 뿐이다. 일정이 꽉 차면 스트레스가 많아지고 에너지는 부족해진다. 성찰과 휴식이 최우선이 되어야 한다. 일정 없이 시간을 보내는 것은 낭비가 아니라 행복에 투자하는 것이다.

JUN 14

**START SMARTER,
THINK DEEPER, LEAD BETTER**

이번 주, 무엇이 당신을 움직이게 했나요?

JUN 15

**얼마나 오래 쉬느냐보다
얼마나 자주 쉬느냐가 더 중요하다.**

번아웃이 긴 휴가로 한 번에 낫는 경우는 거의 없다. 보통은 잠시 증상이 완화될 뿐이다. 얼마나 오래 쉬느냐보다 얼마나 자주 쉬느냐가 더 중요하다. 핵심은 길이보다 횟수다. 한 번에 2주 쉬는 것보다 일주일씩 두 번 쉬는 것이 재충전 효과가 더 뛰어나다. 규칙적인 휴식은 삶의 질을 높이는 데 필수적이다.

> **JUN 16**
>
> **휴식은 번아웃 이후에 주어지는 트로피가 아니다.**

최근에 친구에게 "넌 충분히 쉴 자격이 있어!"라고 말했다. 하지만 휴식을 취하는 데 자격 같은 건 필요하지 않다는 사실을 이내 깨달았다. 열심히 일한 다음에만 긴장을 풀고 즐길 자격이 생기는 것은 아니다. 휴식은 번아웃 이후에 주어지는 트로피가 아니다.

학습은 잘못된 생각을 버리는 기술이다.

전문가가 된다는 것은 틀리는 횟수가 적어진다는 뜻이다. 어떤 기술이나 지식을 제대로 이해한다는 것은 정확하지 않은 이론과 결함 있는 증거는 신뢰하지 않고 진실에 가까이 다가가는 것이다. 학습은 잘못된 생각을 버리는 기술이다.

| JUN 18 | **협상에서 침묵은 금이다.
가치를 창출하는 멈춤이다.** |

협상에서 침묵은 금이다. 침묵은 무거운 분위기를 만들어 상대방이 자신의 가치를 포기하도록 만드는 게 아니다. 함께 성찰함으로써 가치를 창출하게 해주는 시간이다. 잠깐 멈춤은 파이를 키워서 양쪽 모두 이로운 해결책에 이르도록 해준다.

JUN 19

**완벽한 신념과 가치관은
세상에 없다는 것을 받아들여라.**

인생에서 가장 중요한 기술은 인지 부조화를 받아들이는 법을 배우는 것이다. 자신의 신념과 행동을 정당화하면 당장은 불편함을 피할 수 있지만, 내일의 발전은 가로막힌다.

JUN 20

**계획적인 성공은
더욱 달콤하고 오래간다.**

첫 시도에 성공하지 못하면 운이 좋은 것이다. 노력 없이 얻은 성취는 형편없는 스승이자 변덕스러운 친구와도 같기 때문이다. 고군분투하며 어렵게 몸에 익힌 배움이야말로 인생에서 가장 값진 성과다. 계획적으로 연습한 끝에 손에 넣은 성공은 더욱 달콤하고 오래간다.

JUN 21

**START SMARTER,
THINK DEEPER, LEAD BETTER**

이번 주, 무엇이 당신을 움직이게 했나요?

....

....

....

....

....

....

....

JUN 22 — 비관론자보다, 낙관론자보다 주도적인 사람이 되는 것이 낫다.

비관론자는 "컵에 물이 반밖에 안 남았잖아!"라고 말한다.

낙관론자는 "컵에 물이 반이나 남았네!"라고 말한다.

주도적인 사람이라면 "컵에 물이 가득하네. 다들 불평할 시간에 내가 채웠거든. 인사는 사양할게."라고 말할 것이다.

JUN 23

**건강한 관계는
선을 지키며 적당한 거리를 둔다.**

인간관계에서 경계를 설정하는 것은 다른 사람들에게 무례하게 구는 행동이 아니다. 자기 존중을 위한 행동일 뿐이다. 상대방이 당신의 거절을 받아들이지 않는다면 그것은 해로운 관계다. 건강한 관계는 서로 선을 지키며 적당한 거리를 두고 지낸다.

JUN 24

의견은 돌에 새기는 것이 아니라 고무줄처럼 늘어나는 것이어야 한다.

생각을 바꾼다고 변덕쟁이는 아니다. 오히려 배움을 얻을 줄 아는 사람이라는 것을 보여준다. 빠르게 돌아가는 환경일수록 최신 데이터도 금세 낡는다. 마찬가지로 정보를 많이 알면 알수록 유효기간도 짧아진다. 의견은 돌에 새기는 게 아니라 고무줄처럼 늘어나는 것이어야 한다.

JUN 25

**수줍음이란 내향성이 아닌
부정적인 평가에 대한 두려움이다.**

수줍음이 많다고 모두 내향인은 아니다. 수줍음은 부정적인 평가에 대한 두려움이다. 예상하지 못한 당황스러운 상황과 자신을 판단하려고 드는 사람들을 피하는 것이다. 내향성이란 조용하고 속마음을 잘 드러내지 않는 성향이다. 내향인은 부담스럽거나 에너지를 빼앗기는 관계를 피할 뿐이다.

JUN 26

열정은 진전의 전제 조건이 아니라 진전의 결과일 때가 많다.

많은 사람이 동기부여가 찾아오길 기다리면서 할 일을 미룬다. 일단 시작해야 동기가 부여된다는 사실은 잊은 채로. 하지만 열정은 진전의 전제 조건이 아니라 결과일 때가 많다.

JUN 27

**도움을 구하는 것은
신뢰의 표현이다.**

도와달라는 말이 상대방을 늘 부담스럽게 하는 것은 아니다. 사람들은 생각보다 타인을 돕는 것을 좋아한다. 다른 사람에게 도움을 청하면 불편해할 것 같지만, 상대방은 자신의 가치를 인정받았다고 생각할 수 있다. 또 도와줌으로써 스스로 유능하고 쓸모 있는 사람이 되었다고 느낄 수 있다. 도움을 구하는 것은 신뢰의 표현이다.

JUN 28

**START SMARTER,
THINK DEEPER, LEAD BETTER**

이번 주, 무엇이 당신을 움직이게 했나요?

....

....

....

....

....

....

....

| JUN 29 | **정신 건강을 위한 루틴도 양치질처럼 일상에 포함해야 한다.** |

번아웃이 찾아오거나 깊은 우울감에 빠질 때만 변화를 시도하고 도움을 청하려는 사람들이 많다. 정신 건강 관리는 절대 뒷전으로 미루면 안 된다. 좋은 습관은 창고에 넣어두었다가 필요할 때 꺼내서 쓸 수 있는 게 아니니까. 정신 건강을 위한 루틴도 양치질처럼 일상에 포함해야 한다.

JUN 30 — 실수를 인정하지 않으면 실수에서 배울 수 없다.

남을 탓하거나 수치심을 느낀다고 해서 실수가 줄어들지는 않는다. 실수를 인정하지 않게 될 뿐이다. 실수를 인정하지 않으면 실수에서 배울 수 없다. 실수한 당사자뿐만 아니라 모두가 그렇다. 실수를 막는 가장 좋은 방법은 누구나 실수에 대해 터놓고 이야기할 수 있는 안전한 환경을 만드는 것이다.

회복탄력성
흔들려도 다시 일어나는 힘

"오늘의 무거운 짐은
내일이 되면 좀 더 가볍게 느껴질 것이다."

JUL 1

효과적인 의사소통에는 반복이 필수이다.

효과적인 의사소통에는 반복이 필수이다. 리더들은 많이 소통하는 경우보다 적게 소통할 때 아홉 배 더 높은 확률로 비판을 받는다. 말을 너무 적게 하면 메시지가 명확하게 전달되지 않고 무관심해 보인다. 지겨울 정도로 반복해서 전달할 때 비로소 정확한 메시지가 수신되기 시작한다.

JUL 2

**기업의 가치선언보다는
눈에 보이는 환경을 믿어라.**

대개 기업의 가치선언문은 구성원들의 경험과는 상관없는 공수표에 불과하다. 겉치레에 불과한 화려함에는 신경 쓰지 마라. 실제 조직문화는 사람들의 행동 방식을 결정하고, 상벌의 기준이 된다.

JUL 3

**기계적인 긍정의 말보다
이해의 말 한마디가 더 중요하다.**

사람들은 무너졌을 때 "힘 내!"라는 말을 듣고 싶어 하지 않는다. 긍정적인 반응을 강요하는 것은 오히려 그들의 감정을 무시하는 처사다. 그들은 어떤 감정을 느껴야 한다는 말을 듣고 싶은 게 아니라 지금 느끼는 감정을 있는 그대로 알아주기를 바란다. 기계적인 긍정의 말보다 진심으로 이해해주는 말 한마디가 더 중요하다.

| JUL 4 | **얼마나 많은 자유를 가졌는가.**
얼마나 많은 자유를 나눠주는가. |

성공의 가장 중요한 척도는 지위나 권력, 또는 부가 아니라 얼마나 많은 자유를 가졌는가, 얼마나 많은 자유를 나눠주는가다. 시간을 어떻게 사용하고 아이디어를 어떻게 나눌지 선택하는 것이야말로 진정한 권리이다. 책임은 남들이 그 권리를 누리도록 자신의 자원을 써서 도와주는 것이다.

**JUL
5**

**START SMARTER,
THINK DEEPER, LEAD BETTER**

이번 주, 무엇이 당신을 움직이게 했나요?

JUL 6

**퍼스널 브랜드를 만들 시간에
인간관계를 쌓는 편이 더 낫다.**

퍼스널 브랜드를 구축하기 위해 애쓰느니 그 시간을 인간관계에 투자하는 편이 낫다. 상품에 브랜드가 있다면 사람에게는 관계와 평판이 있다. 자신을 마케팅해서 만들어진 이미지에는 진정성이 없다. 진정성은 행동과 가치관을 일치시키는 것이다.

| JUL 7 | **일을 더 많이 하는 것보다는
가치 있는 일을 잘 해내야 한다.** |

생산성은 과대 평가되었다. 가장 중요한 것은 결과물의 양이 아니라 질이다. 어마어마한 생산량으로 사람들을 놀라게 할 수는 있지만 다른 사람에게 영향력을 미치려면 생산품의 질이 높아야 한다. 일을 더 많이 하는 것보다는 가치 있는 일을 잘 해내야 성공한다.

JUL 8
**문제를 제대로 알아야
정확한 해결책이 나온다.**

갈등 상황에서 당신이 내놓은 해결책을 마음에 들어하지 않는 사람은 문제를 무시하는 경향이 있다. 해결책을 찾기 전에 먼저 무엇이 잘못되었는지 의견을 조율하는 것이 도움이 된다. 그러면 해결책을 찾지 못하더라도 함께 문제를 진단하는 능력을 연마할 수 있다.

JUL 9

**충성은 사람이 아닌
원칙에 해야 한다.**

리더를 따를 때는 어떤 상황에서 더 이상 따르지 않을지를 생각해보아야 한다. 이 질문에 대한 답이 "그런 상황은 없다."라면, 당신의 기준은 위험에 빠져 있는 것이다. 당신이 충성해야 하는 것은 사람이 아니라 원칙이어야 한다. 무조건적인 사랑을 받을 자격이 있는 리더는 없다. 헌신은 인격으로 얻는 것이다.

JUL 10

**시간을 어떻게 쓰느냐가
당신이 무엇을 중요시하는지 보여준다.**

무엇을 이루었는지를 보면 그 사람의 행동을 파악할 수 있다. 무엇을 희생했는지를 보면 그 사람의 됨됨이를 알 수 있다. 당신이 시간을 어디에 쓰는가는 당신이 무엇에서 동기부여를 얻는지 알려준다. 무엇을 기꺼이 포기할 것인지는 당신에게 중요한 가치를 보여준다.

JUL
11

**한 사람의 감정에
결정이 좌우되어서는 안 된다.**

　인간관계가 삐걱거릴 때마다 한쪽 바퀴에만 기름칠하는 것은 건강하지 못한 패턴이다. 먼저 화내거나 불안한 모습을 보이는 사람을 곧바로 달래주면 힘의 불균형이 생긴다. 한 사람의 감정에 결정이 좌우되어서는 안 된다. 결정은 양쪽 모두의 가치가 포함되어야 한다.

JUL
12

**START SMARTER,
THINK DEEPER, LEAD BETTER**

이번 주, 무엇이 당신을 움직이게 했나요?

....

....

....

....

....

....

....

JUL 13

**조심스럽게 차선을 바꾸는 것이
성장으로 나아가는 길이다.**

한 차선을 너무 오래 유지하지 마라. 그러면 시야를 넓힐 수 없다. 차선을 바꿀 때에는 사각지대를 확인하고 다가오는 차를 잘 피해야 한다. 갑자기 방향을 틀면 사고가 날 수 있다. 한 차선을 고수하면 정체가 발생한다. 조심스럽게 차선을 바꾸는 것이 성장으로 나아가는 길이다.

JUL 14 — 행복의 열쇠는 가진 것에 감사하는 마음에 있다.

불만은 더 좋을 수도 있었다고 말하는 것이다. 지혜는 더 나쁠 수도 있었다고 말하는 것이다. "만약 ~했더라면."이라는 생각은 잘못된 일에 대한 후회지만, "적어도 ~했어."는 일이 잘못되지 않은 것에 대한 감사의 표현이다. 행복의 열쇠는 없는 것을 한탄하지 않고 가진 것에 감사하는 마음에 있다.

| JUL 15 | **반론을 제기하는 목소리는 생각을 날카롭게 다듬어준다.** |

의견이 다르다는 이유로 듣지 않는 것은 큰 실수다. 반론을 제기하는 목소리야말로 생각을 더 날카롭게 다듬어주기 때문이다. 신경 쓰지 말아야 할 사람은 의견이 다른 사람이 아니라 존중하지 않는 사람이다. 맹목적인 비난은 피하되 신중하게 비판하는 말에는 귀를 기울이면 열린 마음을 유지할 수 있다.

JUL 16 — 원칙을 지키지 못하는 순간은 누구에게나 찾아올 수 있다.

판단의 실수를 인격 부족으로 오해해선 안 된다. 누구나 원칙을 지키지 못하는 순간이 찾아온다. 그럴 때 빠르게 알아차리는 것이 겸손이고 바로잡기 위해 노력하는 것이 진실성이다.

JUL 17 생산적인 토론의 특징은 설득이 아닌 통찰에 있다.

생산적인 토론의 특징은 설득이 아닌 통찰에 있다. 좋은 논쟁을 하기 위해서는 상대를 설득하려고만 하지 말고 새로운 배움을 얻으려는 자세로 임해야 한다. 토론에서의 진정한 승리는 모두의 이해가 깊어지고 지식이 확장되며 생각이 발전하는 것이다.

JUL 18

**야망은 크고 기대는 적당할 때
성공의 만족감이 커진다.**

성취 지향적인 사람이 불행한 이유는 성장하는 속도보다 기대가 더 빠르게 커지기 때문이다. 야망은 크고 기대는 적당할 때 성공은 가장 큰 만족감을 준다. 야심 찬 목표를 세울 때 당연히 이룰 수 있다고 단정하지 말자.

JUL
19

**START SMARTER,
THINK DEEPER, LEAD BETTER**

이번 주, 무엇이 당신을 움직이게 했나요?

JUL 20

**위대한 멘토는
스스로 길을 찾도록 돕는다.**

좋은 멘토는 경험에서 얻은 교훈을 나눈다. 위대한 멘토는 경험에서 교훈을 얻을 수 있도록 조언한다. 좋은 멘토는 유익한 답을 준다. 위대한 멘토는 더 나은 질문을 할 수 있도록 이끈다. 좋은 멘토는 길을 알려준다. 위대한 멘토는 스스로 길을 찾도록 돕는다.

JUL 21

우리는 집단의 문화를 바꿀 수 있지만 문화가 우리를 바꿀 수도 있다.

새로운 조직에서 일하는 사람들처럼 되고 싶은가? 이직을 하기 전에 자기 자신에게 꼭 물어보자. 집단의 문화를 바꾸겠다는 야망도 좋지만 문화가 당신을 바꿀 수 있다는 사실도 간과해서는 안 된다. 우리는 자신이 속한 조직의 가치관에 영향을 받을 수밖에 없다.

| JUL 22 | **희망을 버리지 않고도
실망을 내려놓을 수 있다.** |

누군가의 약점을 있는 그대로 받아들인다고 해서 그 사람의 변화를 원치 않는다는 뜻은 아니다. 상대가 변하지 않더라도 더 이상 놀라지 않을 뿐이다. 목표를 낮추지 않고도 기대치를 조정할 수 있다. 희망을 버리지 않고도 실망을 놓을 수 있다.

JUL 23 변화가 불가능한 환경이라면 자기 자신을 먼저 보호해야 한다.

해로운 업무 환경을 밑바닥부터 뜯어고치려고 하지 마라. 리더들이 먼저 변화하지 않는 상태에서 제정신을 유지하는 가장 좋은 방법은 자신을 보호하면서 팀을 지원하는 것이다. 당신은 자신의 행복과 커리어, 소중한 사람들을 지킬 책임이 있다.

JUL 24

**비판적 사고는
자신의 생각부터 적용해야 한다.**

사람들이 당신의 아이디어를 마음에 들어 하지 않는다면 이 사실을 기억하라. '내가 낸 아이디어가 아니었다면 나도 이 아이디어가 마음에 들지 않았을지도 모른다.' 내 아이디어를 다른 사람의 아이디어라고 생각했을 때 거부하는 경우는 57퍼센트였다. 다른 사람에게 적용하는 비판적 사고를 나 자신에게도 적용해야 한다.

JUL 25

**친절을 배운 아이일수록
성공하고 행복할 가능성이 크다.**

부모들은 자녀가 배려심 많은 사람으로 자라길 원한다고 말하지만 마음속으로는 아이의 성취에 더 많은 관심을 가진다. 하지만 친절을 배운 아이일수록 학교와 직장에서 성공하고 행복할 가능성이 더 크다. 아이들에게 점수를 묻는 대신 누구를 돕고 누구에게 도움을 받았는지 물어보자.

JUL 26

**START SMARTER,
THINK DEEPER, LEAD BETTER**

이번 주, 무엇이 당신을 움직이게 했나요?

....

....

....

....

....

....

....

JUL 27 주말은 회복을 위한 시간이 아닌 기뻐하는 시간이 되어야 한다.

주말이 단순히 회복을 위한 시간이 되어서는 안 된다. 사랑하는 사람과 함께 기뻐하는 시간이 되어야 한다. 번아웃 문화에서는 평일에 쓴 에너지를 주말에 재충전해야 한다고 말하지만, 건강한 문화에서는 평일에도 연료를 보충할 수 있는 여유를 제공한다. 에너지를 끊임없이 소비하는 장소는 행복에 도움이 되지 않는다.

JUL 28

**상사가 되려 하지 말고
리더가 되고자 애써야 한다.**

상사는 '노'라고 말할 이유를 찾는다. 리더는 '예스'라고 말할 이유를 찾는다. 상사는 명령을 내리고 충성을 요구한다. 리더는 방향을 제시하고 책임을 진다. 상사는 자기가 가장 중요한 사람이라고 생각한다. 리더는 모두가 중요한 존재라고 느끼게 해준다.

| JUL **29** | **틀렸다는 사실에서 기쁨을 느끼면
열린 마음에 한 걸음 더 가까워진다.** |

자신이 틀렸다고 해서 지성이 낮아지거나 자존심에 흠집이 생기는 것은 아니다. 오히려 이를 통해 뭔가를 배울 수 있다. 세상에 틀리고 싶은 사람은 없다. 하지만 자기가 틀렸다는 사실에서 기쁨을 느끼면 열린 마음에 한 걸음 더 가까워진다.

JUL 30 — 실력과 존중을 보여주는 방법으로 감정을 표현해야 한다.

전문성을 보여주기 위해 감정을 억누를 필요는 없다. 실력과 존중을 보여주는 방법으로 감정을 표현해야 한다. 전문가도 분노, 두려움, 슬픔을 느낀다. 다만 그런 감정이 예의와 실력을 가로막지 않도록 조절할 뿐이다.

JUL 31

오늘 무거운 짐은 내일이 되면 좀 더 가볍게 느껴진다.

회복탄력성은 고통에 대한 면역력이 높다는 뜻이 아니다. 스트레스를 견딜 힘을 낼 수 있다는 뜻이다. 모든 어려움을 당장 극복할 필요는 없다. 미래의 내가 감당할 수 있을 때까지 기다리면 된다. 오늘 무거운 짐은 내일이 되면 좀 더 가볍게 느껴진다.

자기 돌봄
감정을 돌보고 회복시키는 시간

"나를 지키는 것은
온전히 나의 책임이다."

| AUG 1 | **삶에서 중요한 선택에 필요한 건 행복과 성장에 대한 고민이다.** |

인생의 중대한 결정을 내릴 때는 자신의 행복을 지키는 것은 물론 성장도 도와주는 선택인지 생각해보아야 한다. 5년 후 내가 무엇에 행복을 느낄지는 알 수 없지만 막힘없이 앞으로 나아가도록 도전할 수 있게 해주는 길이 무엇인지는 알 수 있다.

AUG 2

**START SMARTER,
THINK DEEPER, LEAD BETTER**

이번 주, 무엇이 당신을 움직이게 했나요?

....

....

....

....

....

....

....

AUG 3

낙관주의자는 문제를 해결하지만 비관주의자는 문제를 감지한다.

모든 사람에게 낙관적으로 생각하라고 강요하는 것은 잘못이다. 세상에는 비관주의자도 필요하다. 그들은 위험을 경고하는 탄광의 카나리아나, 전염병을 예측하고 경보를 울리는 예언자와 같다. 낙관주의자는 문제를 해결하지만, 비관주의자는 문제를 감지한다.

AUG 4

**불필요한 자존심으로
배움을 가로막지 않아야 한다.**

피드백을 자신의 문제로 받아들이는 것은 잘못이 아니다. 자신의 문제로 생각한다는 것은 그만큼 진지하다는 의미다. 좋지 않은 평가에 기분이 상한다고 약하거나 방어적이라는 뜻은 아니다. 그만큼 진심이라는 뜻이다. 자존심이 배움을 가로막지 않아야 한다.

AUG 5

**주는 사람이 되는 것은
결국 누구보다 이기는 일이다.**

받기만 하는 사람은 다른 사람의 성공을 부러워하고, 주는 사람은 다른 사람의 성공을 기뻐한다. 받기만 하는 사람은 공을 독차지하고 책임을 회피하지만, 주는 사람은 공을 나누고 책임을 진다. 받기만 하는 사람은 자신의 성공을 위해 남을 돕지만, 주는 사람은 뒤처지는 사람이 없도록 모두를 돕는다. 받기만 하는 사람은 친절이 나약함의 표시라고 생각하지만, 주는 사람은 친절이 힘의 원천이라는 것을 안다.

AUG 6

**완벽한 베스트 프랙티스란 없다.
노력하지 않으면 정체가 시작된다.**

영원불변한 베스트 프랙티스란 없다. 변화를 앞두고 있을 때, 과거에 우리를 앞으로 나아가게 해준 루틴이 종종 타성에 빠져 제자리에 머무르게 만든다. 세상에 완벽한 베스트 프랙티스는 없다. 개선을 위해 노력하지 않는 순간, 정체가 시작된다.

AUG 7

**번아웃 문화는 희생을 요구하지만
건강한 문화는 실행을 장려한다.**

번아웃 문화에서는 얼마나 많은 희생을 하는가로 사람을 평가한다. 취미, 휴가, 심지어 가족과 보내는 시간조차도 허락하지 않는다. 건강한 문화에서는 약속을 지키는 모습으로 사람을 평가한다. 일 외의 관심사라도 열정으로 간주하고 적극적으로 장려한다.

AUG 8	**불안감을 줄이는 것은 자기 돌봄이며, 안정감은 모든 행복의 토대이다.**

경제적 안정을 기준으로 직업을 찾는 것은 책임감 있는 선택이다. 가족을 부양하는 것은 돌봄의 행위이며, 불안감을 줄이는 것은 자기 돌봄의 행위이다. 안정감을 우선시한다고 죄책감을 느낄 필요는 없다. 안정감은 모든 행복의 토대이기 때문이다.

AUG 9

**START SMARTER,
THINK DEEPER, LEAD BETTER**

이번 주, 무엇이 당신을 움직이게 했나요?

....

....

....

....

....

....

....

....

AUG 10

**내가 추구하는 가치와 이상은
나의 롤모델이 지닌 그것이다.**

　자신이 누구인지 아는 가장 좋은 방법은 안을 들여다보는 것이 아니다. 존경하는 사람이 누구인지 밖을 봐야 한다. 롤모델은 당신이 무엇을 가치 있게 여기고 어떤 사람이 되고 싶은지를 보여준다. 다양한 모습을 살펴봄으로써 진짜 나로 향하는 길을 찾을 수 있다.

> **AUG 11**
>
> **나를 지키는 것은
> 온전히 나의 책임이다.**

거절은 사람들을 실망시키는 행위가 아니라 내가 내 편을 들어준다는 뜻이다. 경계를 설정하는 것은 무례한 행동이 아니라 자존감의 표현이다. 남들은 부탁만 할 뿐, 내 바운더리는 내가 정한다. 나를 지키는 것은 온전히 나의 책임이다.

> **AUG 12**
>
> **감정을 드러내지 못하는 아이는
> 고통을 숨기는 어른이 된다.**

감정을 드러내지 말라고 배운 아이는 자신의 고통을 숨기는 어른이 된다. 겉으로 침착해 보인다고 상처 입지 않았다는 뜻은 아니다. 취약성을 드러내지 않으려고 참는 것일 수도 있다. 누군가가 고통의 감정을 표현하지 않는다고 괴롭지 않다는 뜻은 아님을 기억하자.

AUG 13

**리더가 되고 싶다면
리더십의 세 가지 원칙을 기억하라.**

첫 번째 원칙은 책임을 자존심보다 우선시해야 한다는 것이다.

두 번째 원칙은 리더가 구성원에게 관심이 없으면, 그들도 리더의 미션에 관심을 갖지 않는다는 것이다.

세 번째 원칙은 이 두 가지 법칙을 지키지 않는 사람은 리더가 될 수 없다는 것이다.

AUG 14 — 깊이 성찰하는 사람일수록 단정적으로 말하지 않는다.

의심을 드러내는 것은 자신감이 부족해서가 아니다. 문제의 미묘한 측면을 알아차린다는 뜻일 수 있다. 확신이 있다는 것은 오히려 복잡함이 없다는 신호일지도 모른다. 확신은 깊은 생각을 밀어낸다. 깊이 성찰하는 사람일수록 단정적으로 말하지 않는다.

AUG 15

**디지털 금욕보다
디지털 절제가 효과적이다.**

스마트폰을 아예 사용하지 않는 것보다 사용 시간을 줄이는 게 삶의 질을 높이는 데 도움이 된다. 연구 결과에 따르면 스마트폰 사용을 하루에 한 시간만 줄여도 4개월 만에 행복감이 커지고 우울과 불안은 줄어들며 라이프스타일이 건강해진다. 디지털 금욕보다 디지털 절제가 효과적이다.

AUG 16

**START SMARTER,
THINK DEEPER, LEAD BETTER**

_____

이번 주, 무엇이 당신을 움직이게 했나요?

....

....

....

....

....

....

....

AUG 17

**단점을 자책하는 대신
포용할 때 성장할 수 있다.**

자신을 가혹하게 채찍질한다고 해서 더 강해지는 것은 아니다. 상처만 남길 뿐이다. 자신에게 친절하게 하는 것이 약점을 외면하는 것도 아니다. 실수에서 배움을 얻는다는 뜻이다. 단점을 자책하기보다 포용할 때 성장할 수 있다.

AUG 18

**가장 똑똑한 사람보다
가장 지혜로운 사람이 되자.**

가장 똑똑한 사람보다 가장 지혜로운 사람이 되자. 똑똑함은 아는 것을 보여줌으로써 증명하지만, 지혜는 다른 사람들이 아는 것을 더해 결과를 낼 때 드러난다. 똑똑함은 개인의 목표를 추구할 때 사용하지만, 지혜는 집단의 목표를 이끌 때 중요한 역할을 한다.

AUG 19 — 자신을 가볍게 만드는 것은 겸손함의 표시이다.

불안정한 리더는 다른 사람들을 조롱한다. 안정적인 리더는 자신을 웃음거리로 만들 줄 안다. 위대한 리더는 일에 진지한 태도로 임하지만 자기 자신에 대해서는 너무 진지하게 생각하지 않는다. 자신을 가볍게 만드는 것은 겸손함의 표시이고 실수로부터 배우는 데 도움이 된다.

AUG 20

**재미와 놀이는
삶의 질을 향상시킨다.**

재미가 생산성에 도움이 되지 않는다고 생각할 수 있지만, 여가 시간을 낭비로 보는 시각은 삶의 질을 높이는 데 해롭다. 놀이를 비생산적으로 볼수록 놀이를 피하게 되므로 불안과 우울감, 스트레스가 커질 확률이 높다. 인생에는 생산성보다 중요한 것이 훨씬 더 많다.

| AUG 21 | **변덕과 변화의 차이는
생각을 바꾼 이유에 있다.** |

변덕과 변화의 차이는 생각을 바꾼 이유에 따라 나뉜다. 변덕은 주변 사람들에게 인정받고 싶어 하는 마음 때문에 일어난다. 변화는 진실에 다가가고자 노력하는 마음 때문에 생겨난다.

AUG 22

**인생의 가장 큰 후회는
시도조차 하지 않는 것이다.**

준비가 될 때까지 기다린다면 영원히 도전할 수 없다. 리더십이나 창의성에 대한 확신은 하루아침에 생기지 않는다. 비록 준비되지 않았어도 도약해야만 준비될 수 있다. 인생의 가장 큰 후회는 시도했다가 실패한 것이 아니라 시도조차 하지 않은 것이다.

AUG 23

**START SMARTER,
THINK DEEPER, LEAD BETTER**

이번 주, 무엇이 당신을 움직이게 했나요?

....

....

....

....

....

....

....

....

AUG 24

'지금까지 항상 해온 방법'이라는 이유로 절대 규칙이 될 수는 없다.

'지금까지 항상 해온 방법'이라는 말이 절대 규칙이 될 수는 없다. 현재 상태가 편하고 변화는 불편하다는 이유만으로 기존의 방식을 따라서는 안 된다. 과거의 루틴이 현재에도 효과적인지, 더 나은 미래를 위한 정답인지 항상 질문해야 한다.

| AUG 25 | **휴식 없는 회의는
효율적인 업무의 걸림돌이다.** |

연이은 회의는 뇌를 지치게 한다. 회복을 위해 중간중간 휴식 시간이 반드시 필요하다. 회의 사이에 10분만 휴식 시간을 가져도 스트레스를 줄이고 집중력과 참여도를 높일 수 있다. 회의 시간의 기본 단위는 30~60분이 아니라 20~50분이 되어야 한다.

> **AUG 26** 논쟁이 과열되는 이유는
> 진심을 보이지 않기 때문이다.

논쟁이 과열되는 이유는 의견 충돌 때문이 아니라 상대에게 진심을 보이지 않기 때문이다. 갈등 상황에서는 내 의견을 방어하는 것보다 상대방과의 관계를 고려해서 말하는 것이 더 중요하다. 서로를 생각하는 마음이 같다면 나와 다른 의견이라도 쉽게 받아들일 수 있다.

AUG 27

**빠르고 부주의한 것보다
느리고 신중한 편이 낫다.**

빠르게 반응하는 문화는 깊은 성찰은 무시하고 얕은 반응만 중요하게 여긴다. 신속함을 공손함으로 착각해서는 안 된다. 긴급 사안이 아니라면 일주일 후에 회신해도 무례한 것은 아니다. 빠르고 부주의한 것보다는 느리고 신중한 편이 좋다.

AUG 28 조언을 구하는 이유는 다른 관점을 얻기 위해서다.

인생의 중요한 결정을 앞두고 조언을 구하는 이유는 답을 얻기 위해서가 아니라 다른 관점을 얻기 위해서다. 당신에게 무엇이 최선인지 남들은 모른다. 모두가 그저 자기 기준에서 올바른 방법을 제시할 뿐이다. 가장 중요한 질문은 어떻게 해야 하는가가 아니라, 내가 빠뜨린 것은 무엇인가다.

AUG 29

**좋고 나쁜 방향성의 차이일 뿐
누구나 달라질 수 있다.**

세상에서 가장 슬픈 냉소는 사람이 바뀔 수 있다는 사실을 부정하는 것이다. 나는 10년 전과 똑같은 사람이 아니다. 의견, 습관, 가치관이 변했다. 다른 사람들도 역시 변했다. 누군가를 믿을지 결정할 때는 그 사람의 성장 가능성을 고려하자. 다만 좋은 변화인지 나쁜 변화인지는 알 수 있어야 한다.

AUG 30

**START SMARTER,
THINK DEEPER, LEAD BETTER**

이번 주, 무엇이 당신을 움직이게 했나요?

| AUG 31 | **성공은 일시적인 흥분일 뿐
행복은 성취와 비례하지 않는다.** |

행복은 성취와 비례하지 않는다. 성공은 일시적인 흥분일 뿐이다. 행복은 성공이 아니라 시간을 어떻게 보내느냐가 결정한다. 기쁨을 주는 일을 하면서 살아가야 행복을 느낄 수 있다. 새로 넘어야 할 산은 매일 생긴다. 정상만을 바라보며 행복을 꿈꿔서는 안 된다.

통찰

상황 속에서 발견하는 의미와 핵심

"멀리 있는 사람은 문제를 발견하고,
가까이 있는 사람은 해결책을 찾는다."

SEP 1

**상대의 말에 동의한다고
모든 것에 동의할 필요는 없다.**

"타당한 지적이야."라고 말한다고 해서 논쟁에서 진다는 의미는 아니다. 오히려 이 말은 상대방에게 신뢰를 준다. 상대의 말이 옳을 때 인정하는 것은 존중의 표시이자 열린 마음으로 듣고 있다는 신호이므로 상대도 나를 그렇게 대하려고 할 것이다. 상대의 말에 동의하기 위해 모든 것에 동의할 필요는 없다.

| SEP 2 | **좋은 스승은 과목에 집중하고
위대한 스승은 학생에게 집중한다.** |

좋은 스승은 새로운 생각을 소개하고, 위대한 스승은 새로운 사고 방식을 소개한다. 좋은 스승은 과목에 관심을 기울이고, 위대한 스승은 학생에게 관심을 기울인다. 좋은 스승은 자신이 아는 것을 가르치고, 위대한 스승은 배우는 방법을 가르친다.

SEP 3

인격은 시련을 통해 단련되지만 시련을 통해 드러나기도 한다.

인격은 시련을 통해 단련되지만 시련을 통해 드러나기도 한다. 상황이 어려워도 원칙을 지켜내는 것은 진실함을 보여준다. 자신이 고통스러울 때도 도움의 손길을 내밀고 감사를 잃지 않는 데서 너그러움과 감사의 마음을 발견할 수 있다.

SEP 4

**열심히 일하는 사람보다
사려 깊은 사람이 더 신뢰받는다.**

자신의 가치를 증명하기 위해 팀에서 가장 똑똑하거나 가장 열심히 일할 필요는 없다. 열심히 일하는 사람보다 사려 깊고, 열심히 생각하는 사람보다 믿음직하면 충분하다. 신뢰는 사려 깊고 믿음직한 사람에게로 향하기 마련이다.

SEP 5

**건강한 관계에서는
주는 기쁨을 누려야 한다.**

상대에게 실망을 줄까 불안하고 죄책감을 느끼는 관계는 건강하지 않다. 그런 관계에서는 실망을 주지 않을 때에만 편안함을 느낄 수 있다. 건강한 관계는 서로의 에너지가 상승하는 기쁨과 감사의 관계다. 건강한 관계에서는 부담스러운 의무감이 아니라 주는 기쁨을 누려야 한다.

SEP 6

**START SMARTER,
THINK DEEPER, LEAD BETTER**

이번 주, 무엇이 당신을 움직이게 했나요?

SEP 7

**진실을 고려하지 않으면
진실을 알아차릴 수 없다.**

헛소리하는 사람일수록 다른 사람들의 헛소리에 넘어가기가 쉽다. 자신의 전문성을 과장해 남에게 보여주려 하는 사람은 오히려 잘못된 정보에 더 쉽게 노출될 수 있다. 진실을 고려하지 않고 말하는 사람은 진실을 알아차릴 수 없다.

> **SEP 8**
>
> **책은 학습과 성찰에 이상적이지만 가르침을 대신할 수는 없다.**

만약 자기계발서를 읽는 것만으로 우리 삶이 극적으로 바뀐다면 더 이상 자기계발서가 출간되지 않을 것이다. 책은 학습과 성찰을 하는 데는 이상적인 도구지만 행동 변화를 끌어내려면 객관적인 피드백과 지원이 필요하다. 독서는 코칭이나 치료를 대신할 수 없다.

SEP 9

**격한 감정은 행동을 설명하지만
잘못된 행동의 변명이 될 수는 없다.**

격한 감정은 행동을 설명하는 데 도움이 되지만 잘못된 행동의 변명이 될 수는 없다. 자신이 느끼는 감정을 항상 통제할 수는 없다. 하지만 표현할지 말지, 언제 어떻게 표현할지는 결정할 수 있다. 자신의 기분이 다른 사람에게 어떤 영향을 미칠지 고려한다는 것은 감성지능이 높다는 뜻이다.

SEP 10

**관리자는 다른 사람의 일을
더 의미 있게 만들 책임이 있다.**

사람들에게는 세세하게 간섭하는 마이크로 매니저가 아니라 큰 그림을 보게 해주는 매크로 매니저가 필요하다. 팀에서 개인의 기여도와 일의 의미를 확인하게 해주면 팀원에게 동기를 부여할 수 있다. 관리자가 맡은 업무 중 하나는 다른 사람들의 일을 더 의미 있게 만드는 것이다.

SEP 11

**슬픔을 떨쳐내기보다는
함께 앞으로 나아가야 한다.**

슬픔은 앞으로 나아가기 위해 떨쳐버려야 하는 감정이 아니다. 함께 안고 나아가야 하는 현실이다. 슬픔을 극복하려면 사랑하는 사람들의 기억에 생명을 불어넣는 방법을 찾아야 한다. 사랑하는 사람들을 잊기보다는 그들의 유산을 따르며 살아감으로써 경의를 표해야 한다.

SEP 12 — 무는 짐승에게는 먹이를 주지 마라.

발전하지 않고 멈춰 있는데도 계속 보상을 준다면 변화를 기대할 수 없다. 어떤 종류의 관계든 간에 보상이 따르면 행동은 강화된다. 당신을 물어뜯는 짐승에게는 먹이를 주지 마라.

SEP 13

**START SMARTER,
THINK DEEPER, LEAD BETTER**

이번 주, 무엇이 당신을 움직이게 했나요?

SEP 14

**자유가 유지되어야만
우리는 행복해진다.**

좋은 기회를 제안받았을 때 지위는 높아지지만 자유가 줄어든다면 다시 생각하라. 시간에 제약이 생기고 목소리를 낼 수 없는 자리는 아무리 큰 보상과 영향력을 얻더라도 소용이 없다. 자유가 유지되어야만 행복해진다. 성공에는 더 많은 자유가 따라와야 한다.

SEP 15

교육의 목적은 지식 전달이 아니라 호기심을 심어주는 것이다.

학교와 인생에서 성공하기 위해서는 얼마나 아는지보다 얼마나 배우고 싶은지가 더 중요하다. 교육의 목적은 지식 전달이 아니라 호기심을 심어주는 것이다. 수수께끼, 탐험, 의미는 앞으로 나아가기 위한 좋은 연료가 된다.

SEP 16

**친구의 솔직함은
배려가 담긴 친절이다.**

좋은 친구는 당신이 가장 좋아하는 음식을 기억하지만, 진정한 친구는 당신의 치아에 뭐가 묻었는지 알려준다. 상대가 보지 못하는 사각지대를 보여주고 당황하지 않게 배려하는 것이 진정한 관심이다. 친구의 솔직함은 배신이나 공격이 아니라 친절이다.

SEP 17

**떠도는 말은 통제할 수 없지만
내 반응은 통제할 수 있다.**

사람들이 떠드는 말은 통제할 수 없지만 내 반응은 통제할 수 있다. 감성지능이 높은 사람은 감정에 대한 통제권을 타인에게 넘기지 않는다. 스스로에게 이렇게 물어보자. '이 사람은 내 감정에 영향을 줄 권리가 있는가?' 그렇지 않다면 정중히 사양하자.

SEP 18

**지루함은 루틴을 바꾸고
호기심을 따라야 한다는 신호다.**

지루함은 억눌러야 하는 감정이 아니라 전환의 기회다. 지루함은 루틴을 바꾸고 호기심을 따라야 한다는 신호다. 삶에 무관심해진다면 더 즐거운 과제, 더 의미 있는 프로젝트, 더 깊이 있는 대화를 찾아야 할 때라는 뜻이다.

> **SEP 19**
>
> **멀리 있는 사람은 문제를 발견하고,
> 가까이 있는 사람은 해결책을 찾는다.**

사람들이 문제를 지적하면 귀를 기울이되, 그들이 가장 좋은 해결책을 알고 있다고는 생각하지 마라. 나는 내 아이디어와 너무 가까워서 미처 결점을 발견하지 못하지만 남들은 내 아이디어와 너무 멀어서 타당한 해결책을 내놓을 수 없다.

SEP 20

**START SMARTER,
THINK DEEPER, LEAD BETTER**

이번 주, 무엇이 당신을 움직이게 했나요?

....

....

....

....

....

....

....

SEP 23

**감성지능이 높은 사람은
불쾌한 감정을 스승으로 여긴다.**

감성지능이 높은 사람은 불쾌한 감정을 침입자가 아니라 스승으로 여긴다. 후회는 더 현명한 선택을 알려주는 세미나이고, 죄책감은 옳은 길을 알려주는 수업이며, 지루함은 몰입을 배우는 시간이고, 불안은 준비에 관한 안내서다.

SEP 24

**정신적 배터리가 방전되면
재충전의 시간이 필요하다.**

휴식은 게으름을 부리는 시간이 아니다. 휴식을 취했다고 죄책감이나 수치심을 느낄 필요는 없다. 근성이나 추진력이 부족하다는 뜻도 아니다. 사람은 누구나 휴식이 필요하다. 정신적 배터리가 방전되면 재충전이 필요하다.

SEP 25

길의 중간에서는 정상과 출발점을 바라보면 도움이 된다.

목표를 위해 나아갈 때 앞으로 갈 길이 얼마나 남았는지 내다보면 완주할 동기가 부여된다. 정상을 바라보면 근성이 솟구친다. 의심이 슬며시 싹틀 때는 지금까지 얼마나 멀리 왔는지 뒤돌아보자. 내가 걸어온 길이 자신감과 책임감을 높여준다.

SEP 26

**생각은 정체성이 아니다.
모든 생각은 바뀔 수 있다.**

사람의 생각이 절대로 바뀌지 않는다는 것은 사실이 아니다. 이미 결정한 것에 대한 생각만 바뀌지 않는다. 하나의 생각을 마치 정체성처럼 무슨 일이 있어도 지키려고 한다면, 데이터를 믿지 못하고 사실을 왜곡하면서 어떻게든 자신의 관점을 합리화하려고 할 것이다. 반면 생각을 테스트가 필요한 직감이라고 여긴다면 데이터를 그대로 받아들이고 자신의 관점을 업데이트 할 것이다.

SEP 27

**START SMARTER,
THINK DEEPER, LEAD BETTER**

이번 주, 무엇이 당신을 움직이게 했나요?

> **SEP 28**
>
> **고통을 무시한다고 강해지지 않는다.
> 치유의 믿음은 용기가 된다.**

회복탄력성은 고통에 맞서는 능력이 아니다. 휘어질지언정 끊어지지 않는 능력이다. 고통을 무시한다고 해서 강해지지는 않는다. 과거의 나는 상처를 받았지만 미래의 나는 치유되리라는 믿음이 중요하다. 불굴의 용기는 시련을 통과할 의지가 있다는 뜻이다.

SEP 29

**공손함은 상대를 편하게 만들고
친절함은 상대를 성장시킨다.**

공손함과 친절함은 같지 않다. 예의를 지키는 사람은 상대가 편하게 느끼는 말만 한다. 친절한 사람은 상대가 성장하도록 돕는다. 예의를 차리는 문화에서는 비판이나 논쟁을 꺼린다. 친절한 문화에서는 자신의 생각을 정중하게 이야기한다.

SEP 30

**의미 있는 목표란
가치관과 일치하는 목표이다.**

가장 슬픈 성공은 내가 이룬 목표가 진정으로 내가 바라던 목표가 아님을 깨닫는 것이다. 다른 사람의 목표를 추구하면 단기적으로는 인정받을 수 있지만 장기적으로는 후회가 남는다. 의미 있는 목표란 지위를 높여주는 목표가 아니라 가치관과 일치하는 목표이다.

지성

깊이 있게 사고하며 본질을 꿰뚫는 능력

"지적인 충돌은
갈등이 아니라 배움이다."

| OCT 1 | **지적인 충돌은
갈등이 아니라 배움이다.** |

만약 두 사람의 의견이 항상 일치한다면 적어도 한 사람이 비판적으로 사고하지 않거나 솔직하게 말하지 않는다는 뜻이다. 의견 차이는 위협이 아니다. 오히려 배움의 기회가 될 수 있다. 지적으로 부딪히는 것은 갈등이 아니라 배움으로 이어진다.

OCT 2

**처음 떠올린 아이디어가
꼭 최선의 아이디어는 아니다.**

유튜브 영상 시청은 효율성에는 나쁘지만 창의성을 높일 수 있다. 본질적인 동기를 가진 사람이라면 문제를 잠깐 미룸으로써 문제를 새롭게 바라보고 새로운 해결책에 접근할 수 있다. 처음 떠올린 아이디어가 꼭 최선의 아이디어는 아니다.

OCT 3

무언가를 분명하게 이해하면 설명도 명확해진다.

무언가를 분명하게 이해하면 설명도 명확해진다. 전문가들은 불필요한 전문용어는 잘 사용하지 않는다. 제목과 개요에 전문용어가 가득한 논문일수록 인용 횟수가 적어지기 때문이다. 쉬운 용어로도 문제가 없다면 전문용어는 생략하는 것이 낫다.

OCT 4

**START SMARTER,
THINK DEEPER, LEAD BETTER**

이번 주, 무엇이 당신을 움직이게 했나요?

....

....

....

....

....

....

....

OCT 5

**고통을 이겨낼 힘이 있음을
아는 것이 회복탄력성이다.**

고통을 많이 겪어봐야 회복탄력성이 좋아지는 것은 아니다. 고통을 맞닥뜨려도 이겨낼 힘이 있음을 아는 것이 회복탄력성이다. 강렬한 감정을 느끼면 절망과 슬픔에 취약해지지만 사랑하고 희망을 품을 수도 있게 된다.

OCT 6

**나와 의견이 다른 사람이라도
그 생각에는 배울 점이 있다.**

나의 의견에 동의하지 않는다고 해서 어리석거나 사악한 사람은 아니다. 그들의 생각에도 얼마든지 배울 점이 있다.

OCT 7

**아는 것이 힘이라면
모르는 것을 아는 것은 지혜다.**

"나는 선입견이 없다."라는 선입견을 조심하자. 이것은 나에게는 편견이 하나도 없다고 믿고 타인의 결함만 지적하는 꼴이다. 스스로 편견이 없다고 생각할수록 자신의 편견이 보이지 않는다. 아는 것이 힘이라면 모른다는 것을 아는 것은 지혜다.

OCT 8 글쓰기는 생각을 날카롭게 가다듬는 가장 좋은 방법이다.

글쓰기는 단순히 생각을 전달하는 수단이 아니다. 생각을 날카롭게 벼리는 도구다. 글쓰기는 지식과 논리 사이의 틈을 보여준다. 가정에 불과한 것을 분명하게 표현하고 수정해야 할 부분을 명확하게 나타낸다. 글쓰기는 생각을 날카롭게 가다듬는 가장 좋은 방법이다.

| OCT 9 | **기쁨을 훔치는 도둑은
비교가 아니라 질투다.** |

  기쁨을 훔치는 도둑은 비교가 아니라 질투다. 다른 사람의 성공에 앙심을 품으면 불행한 마음으로 경쟁하게 된다. 다른 사람의 성공에 감탄하면 좋은 자극을 받아 배움으로 이어진다. 누구나 자신을 남과 비교한다. 성장과 행복의 열쇠는 영감을 주는 사람과 자신을 비교하는 것이다.

OCT 10

**내향적인 성향이어도
사람들과의 교류를 즐길 수 있다.**

내향적인 성향이어도 사람들과의 교류를 즐길 수 있다. 사교적인 내향인은 사람을 좋아하지만 에너지가 금세 소진된다. 수줍은 외향인은 모험을 좋아하지만 사람들의 관심은 부담스러워 한다.

OCT 11

**START SMARTER,
THINK DEEPER, LEAD BETTER**

이번 주, 무엇이 당신을 움직이게 했나요?

OCT 12

자기주장은 이기적인 것이 아니라 자신을 보호하는 것이다.

자기주장을 공격성으로 오해하지 마라. 자기주장은 자신의 권리를 지키는 것이다. 진짜 공격은 다른 사람들의 권리를 빼앗는 것이다. 자신의 신념을 지킨다고 해서 억지 부린다고 말할 수는 없다. 그건 이기적인 것이 아니라 자신을 보호하는 것이다.

OCT 13

**좋은 관리자는 결과보다
구성원의 행복에 더 관심을 쏟는다.**

직원은 관리해야 하는 자원이 아니다. 소중히 여겨야 하는 인간이다. 나쁜 관리자는 결과에만 신경을 쓰지만 좋은 관리자는 구성원의 행복에 더 관심을 쏟는다. 리더가 성과보다 사람을 중요시할 때 최고의 성과가 나온다.

OCT 14

우리를 가로막는 진짜 장애물은 실패와 거절에 대한 두려움이다.

게으름은 두려움에서 비롯된다. 대부분의 사람은 힘든 일을 이겨낼 수 있다. 우리를 가로막는 진짜 장애물은 실패나 거절에 대한 두려움이다. 두려움을 느낄 때는 결과와 자아를 분리하면 도움이 된다. 결과가 실패로 돌아가고 작업물을 거절당하더라도 그것이 나라는 사람의 전부는 아니다.

OCT 15

**고난은 우리를 새롭게 만들고
시련은 우리를 강하게 만든다.**

고난은 우리를 무너뜨릴 수도 있고 새롭게 만들 수도 있다. 시련을 겪고 난 뒤에 더 강해지고 감사함과 유대감, 가능성, 목표가 더 커지는 사람도 많다. 인간의 회복탄력성을 과소평가하지 마라.

OCT 16

**새로운 사실을 접했을 때
생각을 바꾸는 것이 지성이다.**

새로운 사실을 접했을 때 생각을 바꾸는 것이 지성이다. 지혜로운 사람은 자신이 틀렸다는 사실을 인정하기가 두렵더라도 옳은 것을 받아들인다. 결국 새로운 것을 배우는 기쁨이 오래된 것을 내려놓는 고통보다 더 크다.

> **OCT 17**
>
> **역량의 부족을 채우는 것이
> 성품의 부족을 채우는 것보다 쉽다.**

역량의 부족을 채우는 것이 성품의 부족을 채우는 것보다 더 쉽다. 아무리 능력이 뛰어나도 도덕적 기준이 낮은 사람을 고용하거나 승진시키면 안 된다. 지식과 기술은 빨리 배울 수 있지만, 진실성, 겸손함, 관용 같은 원칙은 가르치기가 힘들다.

OCT 18

**START SMARTER,
THINK DEEPER, LEAD BETTER**

이번 주, 무엇이 당신을 움직이게 했나요?

....

....

....

....

....

....

....

OCT
19

**자신의 약점을 숨기지 마라.
강인함은 투쟁의 결과물이다.**

자신의 약점은 숨기고 능력만을 과시하려는 사람이 너무 많다. 그보다는 어떻게 약점을 개선해서 능력을 키웠는지 드러내는 편이 더 낫다. 강인함은 투쟁하지 않는다는 뜻이 아니라 투쟁으로 얻어낸 결과물이다.

OCT 20 건강한 관계에서는 타인의 바운더리를 존중한다.

해로운 관계에서는 상대가 당신의 바운더리를 무시하고 자신의 우선순위만을 중요시한다. 건강한 관계에서는 상대가 당신의 바운더리와 선택을 존중한다. 배려하는 관계에서는 상대가 당신의 바운더리를 보호하며 당신이 스스로 한 약속을 지킬 수 있도록 돕는다.

OCT 21

**주변을 돌아봐야
건강한 시각이 갖춰진다.**

실패 중인 계획을 포기하지 않는 것은 회복탄력성과는 관계가 없다. 이것은 당신의 경직성만 보여줄 뿐이다. 그릿은 효과적이지 않은 길을 계속 고집하는 것이 아니다. 목표에 계속 집중한 채로 유연하게 길을 선택하는 것이다. 주변을 돌아봐야 건강한 시각이 갖춰진다.

OCT

22

**부족한 부분을 완벽한 상태로
좁혀나가는 방법을 배워야 한다.**

사람들이 당신의 아이디어나 초안, 성과에 대해 솔직하게 피드백하지 않는다면 점수를 매겼을 때 10점 만점에 몇 점인지 물어보자. 그리고 점수와 상관없이 어떻게 하면 10점에 가까워질 수 있을지 꼭 함께 물어봐야 한다. 그때 비로소 상대는 코칭을 해주려 하고 당신은 코칭을 받고 싶은 동기가 생길 것이다. 부족한 부분을 완벽한 상태로 좁혀나가는 방법을 배워야 한다.

OCT
23

**이른 아침부터 성공을 경험하면
에너지와 자기효능감이 올라간다.**

아침에 운동을 할수록 장애물을 극복할 수 있는 자신감이 길러진다. 연구에 따르면 아침에 먼저 운동을 하고 일을 시작하면 참여도가 높아지고 피로는 줄어든다. 과제를 피해야 할 위협이 아닌 도전해야 하는 대상으로 바라보게 된다. 이른 아침부터 성공을 경험하면 에너지가 넘치고 능률이 높아진다.

OCT 24

**건강한 문화에서는
일과 삶이 균형을 이룬다.**

성공을 위해 밤새 일해야 한다면 번아웃 문화에 빠져 있는 것이다. 가족, 친구, 건강, 취미를 희생하는 것은 명예로운 게 아니라 건강하지 못한 직장에 다닌다는 뜻일 뿐이다. 건강한 문화에서는 일과 삶이 균형을 이룬다.

OCT 25

**START SMARTER,
THINK DEEPER, LEAD BETTER**

이번 주, 무엇이 당신을 움직이게 했나요?

OCT 26

**사람들은 당신이 생각하는 것보다
더 당신을 좋아한다.**

사람들은 당신이 생각하는 것보다 더 당신을 좋아한다. 거절에 대한 두려움으로 사소한 실수를 계속 곱씹으면 친구, 지인, 동료와 함께하는 시간이 줄어들 뿐이다. 사람들은 남을 평가하는 시간보다 남에게 평가받을까 봐 걱정하는 데 시간을 더 많이 사용한다.

OCT 27

피드백은 객관적인 평가가 아니라 주관적인 반응이다.

피드백을 줄 때 저지르는 가장 흔한 실수는 피드백을 마치 사실처럼 제시한다는 것이다. 피드백은 객관적인 평가가 아니라 주관적인 반응이다. 비판에는 다음과 같은 주의 문구가 따라야 한다.

"이것은 개인의 의견일 뿐이며 모든 사람의 의견을 대표하지 않을 수 있습니다."

OCT 28

권력을 우아하게 사용하는 방법은 나누는 것이다.

불안정한 리더는 어디에서나 강한 사람이 되려고 한다. 다른 사람들을 얕잡아 봄으로써 힘을 독차지한다. 안정적인 리더는 모두의 힘을 키우는 것을 목표로 삼는다. 자신의 힘을 이용해서 다른 사람들을 더 강하게 만든다. 권력을 가장 우아하게 효과적으로 사용하는 방법은 나누는 것이다.

OCT 29

**중요한 결정에서는
편안함을 포기해야 한다.**

우리는 전문 지식과 경험을 갖춘 사람들의 조언을 원하는 것처럼 보이지만, 실제로는 나에게 호의적이거나 시간을 내주는 사람들의 말에만 귀를 기울인다. 중요한 결정에서는 편안함을 포기하고 높은 수준을 택해야 한다. 똑같은 방법으로는 상황이 더 나아질 수 없다.

OCT 30

**내가 더 나아지고자 하면
상대방도 함께 나아질 수 있다.**

무언가 배울 필요가 있다는 사실을 받아들이면 태도가 겸손해지면서 관계도 더 좋아진다. 자신의 무지를 인정하면 상대는 심리적으로 더 안전하다고 느끼고 개선해나갈 수 있다. 내가 더 나아지고자 하면 상대방도 함께 나아질 수 있다.

OCT 31

**내 마음의 건강은
구체적으로 들여다봐야 한다.**

정신질환이 없다고 꼭 정신이 건강하다는 뜻은 아니다. 우울하거나 번아웃에 빠지지 않더라도 공허함과 정체감 같은 무기력함을 느끼고 있을 수 있다. 이렇게 나쁜 정신 상태에 이름을 붙이는 것만으로 한 걸음 앞으로 나아갈 수 있다.

변화

두려움을 넘어 찾아낸 새로운 길

"실패했다는 사실은
제대로 된 도전을 의미한다."

NOV 1

START SMARTER,
THINK DEEPER, LEAD BETTER

이번 주, 무엇이 당신을 움직이게 했나요?

....

....

....

....

....

....

....

| NOV 2 | **자주 연락하지 않아도 깊게 교감할 수 있다.** |

진정한 친구라고 해서 꼭 자주 연락할 필요는 없다. 1년 동안 연락하지 않았어도 곁에 있어주는 사람이 진정한 친구다. 자주 연락하지 않아도 깊게 교감할 수 있다.

NOV 3

새로운 배움에는 용기가 필요하다.

지금까지 알고 있던 것을 버리고 새롭게 배우려면 호기심과 용기가 필요하다. 배움에는 모른다는 것을 인정하는 겸손함이 필요하다. 새로운 배움에는 어제의 내가 틀렸다는 것을 인정하는 정직함이 필요하다. 우리는 배움으로써 변할 수 있으며, 세상의 변화를 따라잡을 수 있다.

NOV 4

**당신의 가치관을 무시하는 사람은
당신의 존경을 얻을 자격이 없다.**

존경심이 가치관을 희생한 결과여서는 안 된다. 당신에게 가치관을 지키지 않아도 된다는 사람은 당신의 존경을 얻을 자격이 없다. 서로의 경계를 존중해야 신뢰가 쌓인다. 헌신할 만한 가치가 있는 사람이라면 당신이 타인의 원칙을 따르기보다는 스스로의 원칙을 지키기를 기대할 것이다.

| NOV 5 | **실패했다는 사실은
제대로 된 도전을 의미한다.** |

첫 시도에 성공하지 못하면 위대한 목표는 쉽게 달성할 수 없다는 사실을 배우게 된다. 대개 빠른 성공은 당신의 안전지대 안에서 일어난다. 처음 도전해서 목표를 달성했다면 목표를 너무 낮게 잡은 것일 수 있다. 실패했다는 것은 제대로 된 도전이라는 뜻이다.

NOV 6

**스트레스 받는다는 것은
무언가에 진심이라는 뜻이다.**

스트레스가 우리를 반드시 약하게 만드는 것은 아니다. 스트레스를 방해물이 아닌 도전으로 새롭게 정의하면 성과가 좋아지고 건강에도 도움이 된다. 스트레스를 부정하는 대신 인정하고 이용하자. 스트레스 받는다는 것은 그만큼 내가 무언가에 진심이라는 뜻이다.

NOV 7

**선생님과 학교를 좋아해야
성적이 높아진다.**

학교가 즐거운 곳이어야 하는 이유는 무엇일까? 여덟 살 때 학교를 좋아한 학생일수록 입시에서 높은 점수를 받는다. 교사는 내재적 동기부여를 위한 분위기를 조성하는 역할을 담당한다. 교사를 좋아하는 학생일수록 학교를 좋아할 확률이 아홉 배 높다. 배움이 즐거워야 하는 이유다.

**START SMARTER,
THINK DEEPER, LEAD BETTER**

이번 주, 무엇이 당신을 움직이게 했나요?

....

....

....

....

....

....

....

NOV 9

**워라밸의 기준을 너무 낮게 잡지 말자.
건강한 직업은 삶에 활력을 준다.**

워라밸의 기준을 너무 낮게 잡지 말자. 사생활을 방해하는 직업을 갖는 것이 꿈인 사람은 아무도 없다. 누구나 삶을 풍요롭게 해주는 일을 하면서 살아가기를 원한다. 해로운 직업은 에너지를 갉아먹고, 그럭저럭 괜찮은 직업은 현재 상태를 지속시키며, 건강한 직업은 삶에 활력을 준다.

> **NOV**
> **10**

**문제 해결 능력이
삶의 방식을 결정한다.**

　　냉소적인 사람은 "문제가 있는데 왜 해결해주지 않는 거야?"라고 말한다.

　　비관적인 사람은 "문제가 있는데 난 해결 못해."라고 말한다.

　　낙관적인 사람은 "문제가 있지만 내가 해결할 수 있어."라고 말한다.

　　책임감 있는 사람은 "문제가 있으면 내가 해결하도록 도와줄까?"라고 묻는다.

　　주도적인 사람은 "문제가 있어서 지금 해결하는 중이야."라고 말한다.

NOV 11

관계에서 고통의 비교가 가장 무의미하다.

남과의 관계에서 고통을 비교하는 것이 가장 무의미하다. 고통은 경쟁이 아니라 연민해야 하는 시간이다. 누군가의 죽음은 힘든 일일 수밖에 없다. 가까운 사람이든, 멀리서 존경한 사람이든, 누군가가 세상을 떠났을 때 우리에게는 슬퍼할 권리가 있다.

NOV 12

**지혜는 경험 그 자체가 아니라
경험에 대한 성찰에서 나온다.**

지혜는 경험 자체가 아니라 경험에 대한 성찰에서 나온다. 나이와 지혜의 정도는 크게 관련이 없다. 높은 통찰력과 넓은 시야는 얼마나 오래 살았는지가 아니라 얼마나 많은 교훈을 얻었는지에 따라 달라진다.

NOV 13 — 감정의 원인을 파악하면 기분을 관리할 수 있다.

거칠게 밀려오는 감정의 파도를 항상 통제할 수는 없다. 하지만 그 파도를 좀 더 우아하게 타는 법을 배울 수는 있다. 높은 감성지능은 기분의 희생자가 되지 않겠다는 선택이다. 감정의 원인을 파악하면 감정을 바꾸거나 관리하기 위한 방법을 찾을 수 있다.

NOV 14

**연민은 공감이 아니다.
타인에게 관심을 주는 것이다.**

    연민은 공감보다 친절하고 건강하다. 타인의 고통을 똑같이 느끼면 그 감정에 압도되어 오히려 도망치게 된다. 하지만 고통스러워하는 타인을 걱정하면 도움의 손길을 내밀 수 있다. 연민은 타인의 감정에 공감하는 게 아니라 관심을 주는 것이다.

NOV 15

**START SMARTER,
THINK DEEPER, LEAD BETTER**

이번 주, 무엇이 당신을 움직이게 했나요?

NOV 16

**세상에 무엇이 필요한지가 아니라
나만의 특별함을 고민하라.**

내가 가장 큰 영향을 미칠 수 있는 분야가 무엇인지는 예측하기가 어렵다. 그보다는 나만의 고유한 영향력에 대해 생각해보는 것이 더 쉽다. 세상에 무엇이 필요한지가 아니라 나만이 만들 수 있는 특별한 무언가를 고민하라. 나만이 할 수 있는 일이 내가 세상에 가장 의미 있게 기여할 수 있는 방법이니까.

NOV 17

**건강한 정체성이란
직업이 아니라 성품에 기반한다.**

아이들에게 "나중에 커서 뭐가 되고 싶어?"라고 질문하는 것은 적절치 않다. 무슨 일을 하는지보다 어떤 사람인지가 더 중요하다고 가르쳐야 한다. 일은 그저 활동일 뿐, 정체성을 나타내지는 않는다. 건강한 정체성은 좋은 직업이 아니라 성품에 기반한다.

NOV 18

조직 내 심리적 안정감은 신뢰와 존경에서 비롯된다.

심리적 안정감이 부족하다는 것은 어떻게 알 수 있는가. 사람들은 리더의 앞과 뒤에서 다른 말을 한다. 사람들은 신뢰와 존중이 부족하기 때문에 자신을 보호하기 위해 듣기 좋은 피드백을 한다. 신뢰와 존경이 있을 때에만 팀을 위해 권력자에게 진실을 말한다.

NOV 19 — 책임에는 우리의 기여와 가치관이 반영된다.

일을 위해 건강과 가족을 희생하는 것은 애사심이 아니다. 우선순위가 제대로 정리되지 않았다는 뜻일 뿐이다. 일을 위해 무언가를 포기하는 것이 아니라 더해져야 진정한 헌신이다. 책임에는 우리의 기여와 가치관이 반영된다.

NOV 20

**주도적인 사람은
타인의 지식을 내 것으로 만든다.**

불안정한 사람들은 타인의 전문성을 무시하며 몰라도 아는 척한다. 안정적인 사람들은 다른 사람의 전문성에서 도움을 얻고 모른다는 것을 인정한다. 주도적인 사람들은 자신이 모르는 타인의 전문 지식을 배우기 위해 적극적으로 나선다.

NOV 21

**평생 학습의 원칙에 따라
호기심을 중요시해야 한다.**

증거는 약한데 의견을 강하게 고집한다면 비판적으로 생각하고 있지 않다는 신호다. 신념은 사실 뒤에 와야지 앞에 오면 안 된다. 믿고 싶은 대로 믿으면 안 된다. 평생 학습의 원칙에 따라 닫힌 마음이 아닌 호기심을 중요시해야 한다.

NOV 22

**START SMARTER,
THINK DEEPER, LEAD BETTER**

이번 주, 무엇이 당신을 움직이게 했나요?

....

....

....

....

....

....

....

NOV 23

**성과와 자존감을 분리할 때
안정적인 자신감을 얻을 수 있다.**

성취를 기준으로 자신의 가치를 판단하면 목표에 미달할 때마다 스스로 가치 없는 존재라고 여길 것이다. 안정적인 자신감은 성과와 자존감을 분리하는 방법을 배우는 데서 나온다. 탁월함이란 노력, 기술, 행운과 같은 의미일 뿐 당신의 가치와는 무관하다.

NOV 24

**더 나아지겠다는 결심이 없다면
뛰어난 재능과 경험도 소용없다.**

더 나아지겠다는 결심이 없다면 아무리 풍부한 경험도 소용없다. 아무리 뛰어난 재능도 다른 사람들의 삶을 더 나아지게 하는 데 쓰지 않으면 무용지물이다. 자신과 다른 사람에게 관심을 갖고 그들의 삶을 더 낫게 만드는 데 힘쓰는 사람에게 베팅하라.

NOV
25

**부당한 세상을 인식하고
변화를 위해 나서자.**

여자들이 말이 너무 많다고 생각한다면 여자는 말을 많이 하면 안 된다는 고정관념에 사로잡혀 있는 것이다. 장황하게 말을 늘어놓는 남자는 모두의 관심을 받으며 자신감 넘치는 전문가로 인정받지만, 자기 목소리를 내는 여자는 공격적이고 성질 나쁜 년이라고 욕을 먹는다. 여자에게 부당한 세상을 인식하고 변화를 위해 나서자.

NOV 26

**당신에게 주어진 휴가는
보상이 아닌 권리다.**

해로운 문화에서는 지칠 때까지 일한 보상으로 휴가가 주어진다. 그런 환경에서 번아웃은 노력의 증거이므로 회복을 위해 휴가를 떠난다. 건강한 문화에서 휴가는 모두에게 당연히 주어진 권리다. 삶의 질이 최우선이고 새로운 활력을 얻기 위해 권장된다.

NOV 27

**감사하는 마음은
유대감을 높이고 건강을 선물한다.**

감사는 기분만 좋게 하는 것이 아니라 우리를 더 건강하게 해준다. 누군가에게 감사를 받으면 심혈관 스트레스가 줄어들고 회복탄력성이 커지며 목표에 대한 동기부여가 생겨 성과도 높아진다. 감사하는 마음이 사람들과의 유대감을 높이고 건강을 선물한다.

NOV 28

애도는 우리가 잃은 사람들과 함께 머무르는 방법이다.

사람들은 보통 애도를 고통으로 여긴다. 그래서 피하고 억누르거나 경주라도 하듯 빠르게 처리해 삶에서 쫓아내려고 한다. 여기에 놓인 아름다운 대안을 생각해보자. 애도는 미처 표현되지 않은 사랑이다. 애도는 우리가 잃은 사람들과 함께 머무르는 방법이다.

NOV 29

**START SMARTER,
THINK DEEPER, LEAD BETTER**

―――――――――――――――――――――

이번 주, 무엇이 당신을 움직이게 했나요?

....

....

....

....

....

....

....

NOV 30 — 건강한 조직은 에너지를 고갈시키지 않는다.

명절을 재충전의 시간으로 삼아서는 안 된다. 사랑하는 사람과 함께 즐기는 시간이 되어야 한다. 평소 일하느라 너무 피곤해서 연휴 때 회복해야 할 정도라면 당신의 직장은 에너지를 갉아먹는 곳이다. 건강한 조직은 애초에 에너지를 고갈시키지 않는다.

의미

삶의 방향과 이유를 발견하는 여정

"있는 그대로를 받아들인다고 해서
성장이 멈추는 것은 아니다."

> **DEC 1**
>
> **당신의 성장을 위해 사람들의 말에 귀를 기울여라.**

모든 비판이 건설적인 것은 아니다. 모든 비평가가 비판적으로 사고하는 것도 아니다. 비판이 빈약하면 나의 주도성이 높아진다. 비판이 적당하면 반박하게 만든다. 비판이 강하면 생각하고 개선할 여지를 남긴다. 당신의 성장에 관심을 보이는 사람들의 말에 귀를 기울여라.

DEC 2

**생각이 정체성이 되어서는 안 된다.
나도 틀릴 수 있다.**

열린 마음을 유지하려면 생각이 정체성이 되어서는 안 된다. 유연한 마음을 갖기 위해서는 감정에 휘둘리지 않고 자신이 속한 집단보다 사실을 중요시 여겨야 한다. 내가 반드시 옳은 이유가 아니라, 틀릴 수도 있는 이유를 찾아라.

| DEC 3 | **문을 열어두는 것은
권력을 가진 이들의 역할이다.** |

모든 팀과 조직에서 상급자에게는 심리적으로 안전한 환경을 만들 책임이 있다. 문제와 고민을 말했을 때 처벌받는 분위기라면 구성원들은 불안함을 느껴 솔직하게 말하려고 하지 않을 것이다. 문을 열어두는 것은 권력을 가진 이들의 역할이다.

DEC 4

**기분 좋은 말만 건네는 것은
친절함이 아니다.**

호의적이라고 항상 친절하다고 말할 수는 없다. 호의적인 사람들은 상대방이 기분 좋도록 듣기 좋은 피드백만 건넨다. 하지만 친절한 사람들은 상대가 앞으로 더 잘할 수 있도록 꼭 필요한 말을 솔직하게 해준다. 솔직함은 관심이다.

DEC 5

**결점을 웃어넘길 수 있어야
극복도 쉬워진다.**

자기 수용은 자기계발을 포기한다는 뜻이 아니다. 자신의 인간적인 모습에 대해 더 이상 자책하지 않고 더 나은 인간이 되기 위해 계속해서 노력한다는 뜻이다. 있는 그대로의 모습을 받아들인다고 해서 성장이 멈추지는 않는다. 자신의 결점을 웃어넘길 수 있어야 극복하기도 쉬워진다.

DEC 6

**START SMARTER,
THINK DEEPER, LEAD BETTER**

이번 주, 무엇이 당신을 움직이게 했나요?

....

....

....

....

....

....

....

DEC 7

**누군가에게 조언할 때는
자신이 실천하고 있는 것만 말해야 한다.**

진실성은 말을 그대로 행하는 것이다. 자기가 한 말은 꼭 행동으로 지켜야 한다. 진정성은 이미 행동으로 옮긴 것만 말하는 것이다. 말하기 전에 행동으로 먼저 보여주는 것이다. 누군가에게 조언할 때는 자신이 실천하고 있는 것에 대해서만 말해야 한다.

DEC 8

**위대한 리더가 되려면
문제 그 자체를 볼 수 있어야 한다.**

약한 리더는 메신저를 탓한다. 그들은 메신저가 문제를 제기하는 행동이 자신에 대한 위협이라고 느낀다.

강한 리더는 메신저에게 고마워한다. 그들은 문제를 자신의 미션에 대한 위협으로 본다.

위대한 리더는 메신저를 격려한다. 그들은 문제를 인식하고 제기하는 것은 비전과 용기가 있는 행동이라고 생각한다.

DEC 9

**성공한 부모가 되고 싶다면
자녀의 마음가짐에 집중해야 한다.**

부모의 성공은 자녀가 명문대에 가거나 사회적으로 인정받는 직업을 갖는 것으로 결정되지 않는다. 자녀를 바르게 양육했는지 판단하는 진정한 시험대는 자녀가 무엇을 성취하느냐가 아니라 어떤 사람이 되는지, 다른 사람들을 어떻게 대하는지에 달려 있다.

DEC 10

**가장 좋은 연민은
고통을 그대로 인정해주는 것이다.**

사람들이 문제를 털어놓는 이유는 꼭 해결책을 원해서가 아니다. 그보다는 단순히 이해받고 싶어서일 때가 많다. 속마음을 쏟아내도 기분이 나아지지 않을 수 있지만 두 사람의 관계는 더 돈독해질 것이다. 가장 좋은 연민은 상대의 고통을 덜어주는 것보다 고통을 그대로 인정해주는 것이다.

DEC 11

집단이 추구하는 원칙과 가치는 보상과 승진으로 드러난다.

어떤 문화에서 어떤 가치를 소중히 여기는지 가장 직접적으로 파악하는 방법은 사람들의 말을 들어보는 것이 아니다. 어떤 사람이 보상받고 리더 역할로 승진하는지를 눈여겨보면 된다. 집단은 집단의 원칙을 대표하고 목표를 향해 가는 사람들을 위로 올리기 마련이다.

DEC 12

**모든 경험에는 의미가 있다.
회복탄력성은 성장이다.**

진전은 전보다 나아지는 것뿐만이 아니다. 쓰러졌다 일어나는 것도 진전이다. 성공은 당신이 도달할 수 있는 최고점이며 당신이 정복해야 할 산이다. 역경을 견디고 장애물을 극복하는 모든 경험에 의미가 있다. 회복탄력성은 성장이다.

DEC 13

**START SMARTER,
THINK DEEPER, LEAD BETTER**

이번 주, 무엇이 당신을 움직이게 했나요?

DEC 14

리더십은 경청이다.
조용한 목소리에도 귀를 기울여라.

보통 말을 가장 많이 하는 사람은 그룹의 진정한 리더가 아니다. 그보다는 귀를 가장 잘 기울이는 사람이 리더다. 경청이란 단순히 상대의 말을 듣는 것 이상으로 말로 표현되지 않은 것을 알아차리고 수면으로 끌어올리는 재능이다. 리더십은 반대 의견도 환영하고 조용한 목소리에 힘을 실어줄 줄도 안다.

DEC 15 — 변동성은 인간의 결함이 아니라 자연스러운 특징이다.

매니저와 코치를 위한 조언: 노력은 결과로 판단할 수 없다. 성과가 일정하지 않다고 해서 최선을 다하지 않는다는 뜻이 아니다. 오히려 난기류 속에서도 최선을 다하고 있다는 뜻이다. 변동성은 인간의 결함이 아니라 자연스러운 특징이다.

DEC 16

**스트레스나 슬픔을 드러내는 것은
지극히 인간적인 행동이다.**

사람들에게 긍정적인 태도를 강요하면 감성 지능은 감정 노동으로 변한다. 해로운 업무 환경에서는 사람들의 감정을 감시하지만, 건강한 업무 환경에서는 감정 표현을 자유롭게 할 수 있다. 스트레스나 슬픔을 드러내는 것은 프로답지 못한 게 아니라 지극히 인간적인 것이다.

DEC 17

생각을 바꾸지 않겠다는 결심은 배움을 멈추겠다는 뜻이다.

"난 마음을 정했어. 생각을 바꾸지 않을 거야." 이것은 성장을 제한하는 삶의 방식이다. 자신의 생각에서 벗어나지 못하는 사람은 절대로 발전할 수 없다. 물론 단순히 새로운 생각을 받아들인다고 성장할 수 있는 것은 아니다. 하지만 기존의 생각에 대해 다시 생각해보는 것은 반드시 필요하다. 생각을 바꾸지 않겠다고 마음먹는 것은 배움을 멈추겠다는 결정이다.

DEC 18

도움은 갚아야 할 빚이 아니라 감사한 선물이다.

누군가 필요 이상으로 애쓰며 당신을 도와줄 때 "빚을 졌다."라고 말할 필요는 없다. 순수한 도움은 갚아야 할 대출금이나 정리해야 할 빚이 아니라 감사한 선물이다. 받은 대로 돌려주면 단순히 친절을 갚는 것이지만, 나 역시 상관없는 사람에게 선행을 베풀면 친절을 기리는 행동이 된다.

DEC 19

회사의 친목 활동과 회식 참여는 의무가 아닌 선택이다.

보상이 없는 회사 행사에 참석하지 않는다고 해서 회사에 헌신하지 않는 것은 아니다. 더 중요한 다른 우선순위가 있다는 뜻일 뿐이다. 팀별 친목 활동이나 회식 등이 업무의 일부분이라면 마땅한 보상이 따라야 한다. 회사의 친목 활동과 회식 참여는 의무가 아닌 선택이다.

DEC 20

**START SMARTER,
THINK DEEPER, LEAD BETTER**

이번 주, 무엇이 당신을 움직이게 했나요?

....

....

....

....

....

....

....

....

DEC 21

**조직의 발전은
비판이 가능한지에 달려 있다.**

    약한 리더는 비판하는 사람들을 침묵시키고 더욱 약해진다.

    강한 리더는 비판하는 사람들을 참여시키고 더욱 강해진다.

> **DEC 22**
>
> **큰 토론을 준비하는 방법은
> 작은 토론으로 훈련하는 것이다.**

사소한 논쟁을 피하다 보면 배움의 기회를 잃게 된다. 더 자주 동의하지 않을 것에 동의하자. 감정을 관리하고 존중하는 마음을 유지하고 의견을 다시 생각하는 데는 연습이 필요하다. 큰 토론을 준비하는 가장 좋은 방법은 작은 토론으로 훈련하는 것이다.

DEC 23

**자신의 불만을
떠벌리는 사람들을 조심하자.**

끊임없이 자기가 피해자라고 주장하는 것은 나르시시스트와 사이코패스의 성공 전략일 뿐 미덕이 아니다. 피해자라는 신호를 자주 보내는 사람일수록 거짓말하고 속이고 훔치려고 한다. 자신의 불만을 마치 축하할 일이라도 되는 것처럼 떠벌리는 사람들을 조심하자.

DEC 24

**행복한 삶이라고 해서
반드시 명예로운 삶은 아니다.**

행복만큼 선행에도 관심을 가져야 한다. 쾌락만큼 목적을, 만족만큼 기여를, 흥분만큼 정직함을, 기쁨만큼 정의를 중요하게 여기는 세상이 되어야 한다. 행복한 삶이 반드시 명예로운 삶은 아니다.

DEC
25

**누군가를 돕는다는 것은
관심의 표현이다.**

친절한 행동에 '무작위'라는 표현이 붙어서는 안 된다. 친절에는 위대한 가치관이나 짙은 감정에서 비롯된 의도가 늘 따른다. 누군가를 돕는다는 것은 관심의 표현이다. 그 사람의 행복이 나에게 중요하다는 뜻이자 내가 그 사람에게 중요한 존재가 되려는 노력이다.

DEC 26

**열정은 당장의 기쁨을 위한 것이지만
가치는 인생의 의미를 만들어준다.**

열정을 따르는 것은 사치지만, 가치를 따르는 것은 필수다. 열정은 변덕스러운 자석과도 같아서 당신을 현재의 관심사로 끌어당긴다. 가치는 안정적인 나침반으로 당신을 미래의 목적을 향해 가게 한다. 열정은 눈앞의 기쁨을 위한 것이지만 가치는 인생의 의미를 만들어준다.

DEC
27

**START SMARTER,
THINK DEEPER, LEAD BETTER**

이번 주, 무엇이 당신을 움직이게 했나요?

DEC 28

**타인의 이목을 끄는 것보다
변화를 만드는 것이 중요하다.**

남의 이목을 끄는 것보다 변화를 만드는 것이 중요하다. 다수에게 알려지는 것보다 소수에게 인정받기 위해 노력하자. 얼마나 멀리까지 영향을 끼치는지가 아니라 얼마나 깊이 영향력을 미치는지가 당신의 기여도를 좌우한다. 얼마나 많은 흔적을 남기느냐가 아니라 얼마나 오래 지속되는지가 당신의 유산이다.

DEC 29

**문제는 자격이 아니라
어떻게 변화를 만들어갈 것인가다.**

새로운 도전을 위한 준비는 자격이 아니라 기여도의 문제다. 가면증후군이 있는 사람은 "나는 준비되지 않았다."라고 말하지만, 성장 마인드셋을 갖춘 사람은 "나는 준비할 것이다."라고 말한다. 문제는 어디에 소속되었느냐가 아니라 어떻게 변화를 만들어갈 것인가다.

DEC 30 — 가장 의미 있는 성취는 원칙과 일치하는 길에 놓여 있다.

아무리 높은 위치에 올라가고 많은 돈을 벌어도, 그 자리에 도달한 방법이 자랑스럽지 않다면 성공했다고 말할 수 없다. 지위는 결과에 대한 보상이며, 그 과정에서 인격이 드러난다. 가장 의미 있는 성취는 당신의 원칙과 일치하는 길에 놓여 있다.

DEC 31

**정체성은 스스로 결정하는 것이지
이미 정해진 운명이 아니다.**

　어제 닫힌 문에 대해 곱씹으면 우울감에 빠진다. 오늘 열려 있는 문을 찾으려고 하면 자유로워진다. 과거의 나는 바꿀 수 없지만 앞으로 어떤 사람이 되고 싶은지 선택하는 데는 결코 늦은 때가 없다. 정체성은 스스로 결정하는 것이지 이미 정해진 운명이 아니다.

"인생의 가장 큰 후회는
시도조차 하지 않는 것이다."

옮긴이 정지현

스무 살 때 두툼한 신디사이저 사용설명서를 번역한 것을 계기로 번역의 매력과 재미에 빠졌다. 대학 졸업 후 출판번역 에이전시 베네트랜스 전속 번역가로 활동 중이며 현재 미국에 거주하면서 책을 꾸준히 번역하고 있다. 옮긴 책으로 《행동하지 않으면 인생은 바뀌지 않는다》, 《타이탄의 도구들》, 《아주 작은 대화의 기술》, 《하루 5분 아침 일기》, 《우리는 모두 죽는다는 것을 기억하라》, 《5년 후 나에게》, 《그레이트 마인드셋》 등이 있다.

애덤 그랜트의 생각 수업

하루 한 장, 당신의 일상에 영감을 불어넣는 문장

초판 1쇄	2024년 11월 4일
개정판 1쇄	2025년 10월 15일
지은이	애덤 그랜트
옮긴이	정지현
발행인	문태진
본부장	서금선
책임편집	원지연 **편집 2팀** 임은선 김광연
기획편집팀	한성수 임선아 허문선 최지인 이준환 송은하 송현경 이은지 김수현 이예림
마케팅팀	김동준 이재성 박병국 문무현 김은지 이지현 조용환 전지혜 김화정 천윤정
저작권팀	정선주 **디자인팀** 김현철
경영지원팀	노강희 윤현성 정헌준 조샘 이지연 조희연 김기현
강연팀	장진항 조은빛 신유리 김수연 송해인
펴낸곳	㈜인플루엔셜
출판신고	2012년 5월 18일 제300-2012-1043호
주소	(06619) 서울특별시 서초구 서초대로 398 BnK디지털타워 11층
전화	02)720-1034(기획편집) 02)720-1024(마케팅) 02)720-1042(강연섭외)
팩스	02)720-1043
전자우편	books@influential.co.kr
홈페이지	www.influential.co.kr

한국어판 출판권 ⓒ ㈜인플루엔셜, 2024

ISBN 979-11-6834-326-9 (03190)

- 이 책은 저작권법에 따라 보호받는 저작물이므로 무단 전재와 무단 복제를 금하며, 이 책 내용의 전부 또는 일부를 이용하려면 반드시 저작권자와 ㈜인플루엔셜의 서면 동의를 받아야 합니다.
- 잘못된 책은 구입처에서 바꿔 드립니다.
- 책값은 뒤표지에 있습니다.
- ㈜인플루엔셜은 세상에 영향력 있는 지혜를 전달하고자 합니다. 참신한 아이디어와 원고가 있으신 분은 연락처와 함께 letter@influential.co.kr로 보내주세요. 지혜를 더하는 일에 함께하겠습니다.